= 색채미술 심리카드로 푼 =

엄마, 내 마음을 어떻게 알아?

Mentoring

(주) 해맞이미디어   사단법인 수리힐링상담협회

인 사 말

"색채미술 심리카드로 푼 엄마 멘토링"은 BNP 수리심리학을 기반으로 제작되었으며, 색채미술 수리심리 이론에 따라 완벽한 "색의 조화와 수의 원리"에 따라 만들어진 신비의 과학적 이론과 학문이다.

BNP 수리심리학은 세 분야의 이론으로 나누어져 있는 데, 하나는 숫자풀이 심리학(내면심리), 타로 심리학(행동심리), 그리고 색채미술 심리학(습성심리)이다.

그동안 내면심리학을 제외한 습성심리 테스트와 행동심리 테스트를 위한 심리도구를 개발해 왔는데, 이제 와서 심리도구로 사용하게 될 " 타로카드(2019)" "색채미술 심리카드 및 드로잉 북(2019)"이 제작 완성되어, 제품으로 출시되었다.

이와 더불어 "색채미술카드를 이용한 습성심리 테스트와 행동심리 테스트"를 위한 분석법과 상담법을 공개하면서, 이 책을 집필하게 되었습니다. 따라서 이 책은 세계 최초의 과학적 심리학 이론과 학문으로 태어났다.

이 책에서 설명하는 "색채미술 심리상담법"은 엄마랑 함께하는 태교법, 엄마랑 함께하는 멘토링법, 아이들의 진로상담법, Drawing Book 에 의한 심리분석법, 청소년 심리상담법, 성인들의 인생상담법, 노인들을 위한 노인심리 상담법에 이르기 까지 다양한 분야에서 활용될 수 있을 것이다.

기존의 다양한 심리학 이론은 일반인들이나 엄마들이 배우고, 익히는 데 많은 시간과 노력이 필요했지만, 색채미술카드를 이용한 심리테스트는 간단한 과학적 수리법칙을 적용하여 풀기 때문에, 누구나 쉽게 배우고, 활용할 수 있을 것이다.

특히 현대에는 심리적 갈등과 장애, 그리고 결함 등으로 많은 사회적인 문제점들이 발생되고 있으며, 이러한 문제점을 해소하기 위해 심리교정, 심리수정, 심리힐링 등, 그리고 심리치유법의 활용이 매우 필요한 시대가 되었다.

따라서 색채미술카드를 활용 가능한 분야들은 "태아의 태교법, 유아의 두뇌계발, 아동기의 재능계발, 청소년들의 진로상담법, 성인들의 인생상담법, 노인들의 노인 심리상담법"등을 위한 전문 심리상담사의 양성과 배출도 중요한 시점이다.

이번에 출판되는 "색채미술카드를 이용한 엄마 멘토링" 이론을 공개한 책과 색채미술카드, 타로카드, Drawing Book, 색채미술 색상 크레파스 등의 심리도구로 개발되었다.

아무쪼록 시대가 요구하는 심리상담 전문인력의 양성은 물론 능력을 갖춘 전문인력들이 많이 배출되고, 심리적 장애나 정신적 결함으로 일상생활에서 고통을 받는 사람들을 위해 좋은 지침서가 될 수 있기를 기대한다.

앞으로 이 책이 훌륭한 자녀교육에 큰 역할을 기대하며, BNP 수리심리학과 심리상담, 심리치유 분야에도 큰 도움이 되길 바란다.

저자 보적 **박 춘 건**

추천의 글

선생님과 함께하는 미술심리
엄마랑 함께하는 미술심리
유아교육에 탁월한 효과를 발휘할 수 있다

    그동안 교육현장에 많은 필요성과 관심은 가지고 있었지만, 가슴에 와 닿는 아이들의 인성교육과 재능교육에 보다 더 많은 효과를 볼 수 있는 특별한 학습교재가 있었으면 하는 생각을 해 왔습니다.

    그러던 와중에 새로운 이론을 개발한 "색채미술카드를 이용한 멘토링법(보적 박춘건 박사)"에 많은 관심은 물론 자랑스럽기도 합니다. 이러한 이론과 학습도구가 우리 한국에서 개발되어서, 처음으로 우리 아이들에게 보급되고, 활용할 수 있게 된 것만으로도 정말 자랑스럽다.

    이번에 출판되는 "엄마, 내 마음을 어떻게 알아?(해맞이 미디어, 박춘건 저)"는 색채미술카드를 이용하여, 태교에서부터 유아 및 청소년에 이르기까지 다양한 재능교육과 재능계발 프로그램에 활용될 수 있을 것으로 확신합니다.

그동안 아이들의 미술공부와 미술심리에 따른 다양한 도구들이 있지만, "선생님과 함께하는 미술심리, 엄마랑 함께하는 미술심리" 상담법은 새로운 환경에 적응하는 유아교육에 탁월한 효과를 발휘할 수 있을 것으로 믿으며, 이번에 개발된 학습법이 잘 활용할 수 있도록 적극 추천하고자 합니다.

특히, 아이들에게 꼭 필요한 "색채미술카드와 심리테스트용 Drawing Book을 이용한 심리테스트"는 기존 교육을 한 단계 업그레이드 시킬 수 있는 획기적인 교육프로그램으로 "유아교육을 담당하시는 선생님들과 아이를 둔 엄마들에게는 아이들과의 소통도구로서는 아주 탁월한 방법으로 생각하기 때문에, 널리 잘 활용될 수 있기를 기대합니다.

끝으로 보적 박춘건 박사님의 열정과 정열로서 이루어낸 "한국의 색채미술카드와 색체미술 심리테스트"가 전 세계로 확산될 수 있기를 기대하며, 후원해 나가도록 노력하겠습니다. 수고 많으셨습니다.

사단법인 한국유치원 총연합회 이사장 **김 동 렬**

추천의 글

가정에서는 엄마가 직접 아이들의 심리테스트를 통한 인성교육이 필요하다.

현대 사회는 첨단 IT장비, 인공지능 컴퓨터, 사물인터넷 등의 대량 사용으로 어린이나 아동들은 생활환경과 학습환경에 적응하지 못하고 많은 심리적 갈등을 일으킨다.

따라서 부모가 희망하는 자녀로 키우고 싶지만, 상대적으로 아이들은 부모의 학습에 대한 욕구나 강요 등으로 많은 심리적 갈등을 유발하거나, 심한 공부 스트레스로 인한 심리적 장애를 치유해 나갈 경우가 많아지고 있다.

또한 부모들은 다른 아이들 보다 성적이 우수하고, 학업성취도를 높이려고 하지만, 부모의 희망과 바램을 충족시키지 못하고, 심각한 갈등과 학업에 대한 반발, 그리고 부모에 대한 반항하는 행동성향을 나타나게 되는 데, 이러한 행동성향의 원인과 이유를 찾아내는 것도 매우 중요할 것이다.

따라서 이번에 출판된 "보적 박춘건 박사"님이 직접 개발한 "색채미술카드와 심리테스트용 Drawing Book을 이용한 심리테스트"는 현시점에 매우 적합한 획기적인 방법으로 아이들의 인성교육과 멘토링법에 좋은 심리도구가 될 것임을 확신합니다.

이번에 개발된 색채미술카드와 Drawing Book은 어린이들이나 아동들의 "두뇌계발 프로그램이나 학습계발 프로그램"으로 아주 유용하게 사용될 수 있을 것이다.

특히 가정에서는 엄마가 직접 아이들의 심리테스트를 통한 인성교육은 물론, 어린이집이나 유아원, 유치원에서는 미술심리 학습용 프로그램에 사용하더라도 좋은 반응을 보일 수 있을 것임을 확신합니다.

아무쪼록 한국에서 세계 최초로 개발된 "색채미술카드와 Drawing Book"을 이용하여 자녀들의 심리테스트는 물론, 성장하는 아이들의 인성교육과 재능학습 프로그램에 훌륭한 심리도구로 사용되어서 부모가 바라는 아이, 재능을 갖춘 아이, 학습 집중력이 높은 훌륭한 아이로 키울 수 있기를 바란다.

교육심리학 박사
세계전뇌학습아카데미 회장 김 용 진

추천의 글

심리분석 책이 필요한 이때
전국 학부형들이 이 책을 자녀교육의
필독서로 정해 다행이다.

    김춘기 발명특허신문사 사장은 평생 언론계와 출판계에 몸 담아 그간 "독도는 우리 땅", "하얼빈의 총성"(안중근의 일대기) 등 사재를 털어 국민계몽과 애국정신 함양에 앞장서 오시고 계시다.

    금번 "엄마, 내 마음을 어떻게 알아?"라는 아동 심리서를 발행하여 아동교육 및 학부모들이 꼭 알아서 아동성장에 도움이 되는 사단법인 수리힐링협회와 (주)해맞이미디어 공동으로 출판하게 되었는 바, 김사장의 정렬과 노고는 그 감사를 무엇으로 표현할지 단어가 생각나지 않는다. 김춘기 사장은 일생을 애국과 봉사로 정부 및 관련단체 등에 발명특허신문 등을 무상으로 기부해 오시고 계시니, 우리들 작은 힘이나마 그에게 보태자.

    강호제현들과 학부형들이 이를 구독하여 자녀교육의 보감으로 삼도록 하여 자녀교육도 돕고 김사장의 숭고한 뜻도 기리자.

    본서를 동종업계에 종사하는 한 사람으로서 삼가 추천하오며 (주)해맞이미디어와 사단법인 수리힐링협회가 발전 융성하기를 기원합니다.

한국도형심리상담학회 회장 이학박사 윤 창 국

색채미술 심리카드로 푼

엄마, 내 마음을 어떻게 알아?

엄마, 내 마음을 어떻게 알아?

MENTORING

색채미술 심리카드로 푼

제1장 엄마랑·아이랑 심리학
- 1-1 심리란? ·· 15
- 1-2 두뇌발달과 심리작용 ·· 18
- 1-3 성장발달과 심리작용 ·· 21
- 1-4 아동 심리학 ··· 26
- 1-5 청소년 심리학 ··· 31
- 1-6 생활 심리학과 인생 심리학 ····································· 34

제2장 색채미술 심리카드 탄생
- 2-1 색채미술 심리란? ·· 39
- 2-2 색상(色相)심리 해설 ·· 45
- 2-3 색채미술 수리심리 해설 ··· 49
- 2-4 색채미술 심리카드 탄생 ··· 54
- 2-5 색채미술 심리카드 해설 ··· 59
- 2-6 색채미술 심리카드 응용 ··· 67

제3장 엄마랑 두뇌발달 태교법
- 3-1 엄마랑 · 태아랑 태교법 ·· 75
- 3-2 두뇌발달 태교법 (실전 사례) ··································· 87
- 3-3 재능계발 태교법 (실전 사례) ··································· 90
- 3-4 감성힐링 태교법 (실전 사례) ··································· 93

제4장 엄마랑 두뇌계발 공부법
- 4-1 아이랑 함께하는 공부법 ··· 99
- 4-2 색상 공부 ··· 100
- 4-3 숫자 공부 ··· 103
- 4-4 도형 공부 ··· 106
- 4-5 색칠 공부 ··· 109
- 4-6 미술 공부 ··· 113

제5장 우리아이 심리요법
- 5-1 색채카드를 이용한 심리요법 ································· 119
- 5-2 두뇌계발을 위한 심리요법 ····································· 123
- 5-3 재능계발을 위한 심리요법 ····································· 125
- 5-4 좋은 인성을 만드는 심리요법 ······························· 127
- 5-5 학습효과를 높이는 심리요법 ································· 129
- 5-6 반항심을 없애는 심리요법 ····································· 131

제6장 엄마랑(쌤) 함께하는 놀이법
- 6-1 엄마랑 · 아이랑 함께하는 소통법 ························· 135
- 6-2 색상 놀이법 ··· 137
- 6-3 숫자 놀이법 ··· 139

6-4 도형공부 놀이법 ……………………………………… 141
6-5 경쟁심리 놀이법 ……………………………………… 143

제7장 엄마랑(쌤) 멘토링법
7-1 멘토링(Mentoring)법이란? ………………………… 147
7-2 우리아이 성격(유형) Test ………………………… 151
7-3 우리아이 감정(오성) Test ………………………… 153
7-4 우리아이 재능(예능) Test ………………………… 155

제8장 Drawing Book 심리테스트
8-1 Drawing Book을 이용한 심리 Test ……………… 159
8-2 우리아이 대인심리 Test …………………………… 165
8-3 우리아이 욕구심리 Test …………………………… 168
8-4 우리아이 학습심리 Test …………………………… 171
8-5 우리아이 희망심리 Test …………………………… 174

제9장 진로상담 멘토링법
9-1 진로상담 멘토링법이란? …………………………… 179
9-2 성격 멘토링 ………………………………………… 184
9-3 학습 멘토링 ………………………………………… 187
9-4 성적향상 멘토링 …………………………………… 190
9-5 전공선택 멘토링 …………………………………… 193
9-6 직장·직업 멘토링 ………………………………… 196

제10장 내면심리 분석법
10-1 심리테스트의 유형 ………………………………… 201
10-2 내면심리 분석법 …………………………………… 206
10-3 성격 분석법 ………………………………………… 211
10-4 성격 통변법 해설 ………………………………… 215
10-5 성격힐링법 ………………………………………… 219
10-6 오성주기 해석법 …………………………………… 222

제11장 부록
11-1 (사)수리힐링상담협회 소개 ……………………… 231
11-2 BNP 수리심리학 소개 …………………………… 232
11-3 엄마 멘토링 상담사 (자격 1) ………………… 233
11-4 진로 멘토링 상담사 (자격 2) ………………… 234
11-5 색채미술 심리상담사 (자격 3) ………………… 235
11-6 색채미술 심리강사(자격 4) …………………… 236
11-7 타로카드 심리상담사 (자격 5) ………………… 237
11-8 타로카드 심리강사 (자격 6) ………………… 238
11-9 동영상 공부하기 (인터넷) ……………………… 239

PART 01

엄마랑·아이랑 심리학

1-1. 심리란 무엇인가?

1-2. 두뇌발달과 심리작용

1-3. 성장발달과 심리작용

1-4. 아동 심리학 (태아, 유아, 아동 심리학)

1-5. 청소년 심리학 (재능, 학습, 이성, 진로)

1-6. 생활심리학과 노인심리학

1-1. 심리란 무엇인가?
1-2. 두뇌발달과 심리작용
1-3. 성장발달과 심리작용
1-4. 아동 심리학 (태아, 유아, 아동 심리학)
1-5. 청소년 심리학 (재능, 학습, 이성, 진로)
1-6. 생활심리학과 노인심리학

MENTORING 01 엄마랑·아이랑 심리학

1-1 심리란?

심리(心理)란 마음의 이치이며, 각 개인의 두뇌 속에 기억된 습성에 따라 주어진 환경과 여건 하에서 판단하고, 결정하는 행동과 행위를 말한다. 따라서 사람마다 심리작용은 모두 다르게 작용한다.

특히 충분한 지식과 많은 경험을 하지 못한 유아들과 아동들의 경우에는, 무엇이든 배우고, 경험하는 과정이기 때문에, 행동의 실수나 판단의 오류를 범하는 심리작용으로 인하여 사건이나 사고가 발생하기도 한다.

마음 vs. 심리 vs. 행동의 상관관계

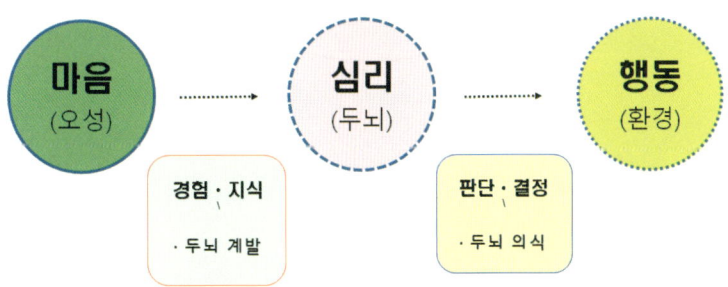

위의 그림에서처럼, 인간의 행동은 오성(본성, 심성, 이성, 감성, 각성)의 상호작용에 따라, 그동안의 경험과 지식에 근거하여, 심리작용을 일으켜 판단하고, 결정하여 나타나게 된다. 따라서 유아나 아동기의 "두뇌계발과 학습계발 프로그램은 매우 중요하다.

특히 아이들은 잘못 판단한 실수나 행동으로 인하여 사고가 발생하게 되는데, 이런 사건들은 아이들이 "경험하지 못한 지식, 분별하지 못하는 지식, 비교분석하지 못하는 지식, 결과를 예측하지 못하는 지식"등에 그 원인이 있기 때문이다.

🗨 마음이란 무엇일까?

　마음이란 인간의 두뇌에 기억된 지식, 경험, 감각, 느낌, 습관, 관습 등이 주어진 여건과 환경 하에서 심리작용에 따른 "두뇌의 판단과 결정"에 의해 나타나는 "행동이나 행위"를 말한다.

마음의 구성과 작용

　마음(心)의 유형에는 "두뇌의 마음, 심리적 마음, 행동적 마음" 등 3가지가 있다. 이들 마음들의 상호작용에 따라 아이들의 마음은 어느 마음이 더 강하게 작용하느냐에 따라 행동이 달라진다.

　두뇌의 마음이 강할 때에는 "경험과 기억 속의 의식"이 많이 작용하고, 심리적 마음이 강할 때에는 "잠재의식과 내면심리의 욕구"에 많이 좌우되며, 행동적 심리가 강할 때에는 "주어진 환경과 여건"에 따라 행동이 달라진다.

　따라서 유아시절에 익힌 습관이나 관습, 경험이나 기억 등의 잘못된 잠재의식은 성인이 된 뒤에도 나타나기 때문에, 잘못된 의식, 잘못된 기억, 잘못된 지식 등을 수정하고, 교정해 나가는 것은 매우 중요하다.

01 MENTORING

💬 심리작용(心理作用)이란 무엇일까?

심리작용이란 마음의 상호작용으로 나타나는 행동이나 행위를 말한다. 심리에는 "내면심리, 습성심리, 행동심리" 3가지 유형이 있으며, 이 심리들이 오성(본성, 심성, 이성, 감성, 각성)을 자극하여, 행동으로 나타나게 된다.

만약 어떤 아이에게 "가지고 싶다, 먹고 싶다, 뜨겁다, 시끄럽다, 재미있다, 놀고 싶다" 등의 심리적 변화가 일어나면, 오성이 작용하여 행동으로 옮겨지게 되는 데, 이 때 나타나는 행동은 강하게 작용하는 오성의 기운에 따라, 행동하는 경우가 많다.

심리작용에 의한 행동반응

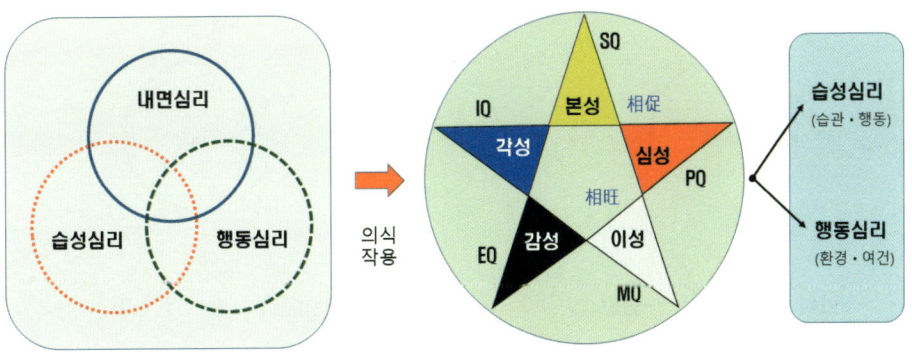

위의 그림에서처럼, 모든 행동이나 행위들은 두뇌 속에 기억된 경험과 지식(의식), 그동안의 습관과 관습(습성)에 의해 판단하고, 결정하여, 행동이나 행위를 하게 되는 것이 바로 "심리작용(心理作用)"이다.

따라서 대부분의 사람들의 행동은 타고난 내면심리, 아이 때부터 익힌 습관과 관습에 의한 습성심리, 현재의 환경과 여건에 의한 행동심리의 작용으로 나타난다.

01
MENTORING

색채미술 심리카드로 푼

1-2 두뇌발달과 심리작용

두뇌발달(頭腦發達)과 두뇌계발(頭腦啓發)은 차이점이 있다. 두뇌발달은 아직 두뇌가 활성화 되지 못한 상태를 말하며, 두뇌계발은 어떤 특정한 분야를 집중적으로 활성화 시켜 나가는 것을 말한다.

특히, 두뇌발달은 두뇌가 아직 완성 되지 못한 상태, 즉 태아 때나 유아기 때의 두뇌를 다방면으로 활성화 시키는 방법으로, 다양한 경험과 많은 기억을 통해 두뇌를 활성화시키는 것이 주목적이다.

두뇌와 컴퓨터의 구조

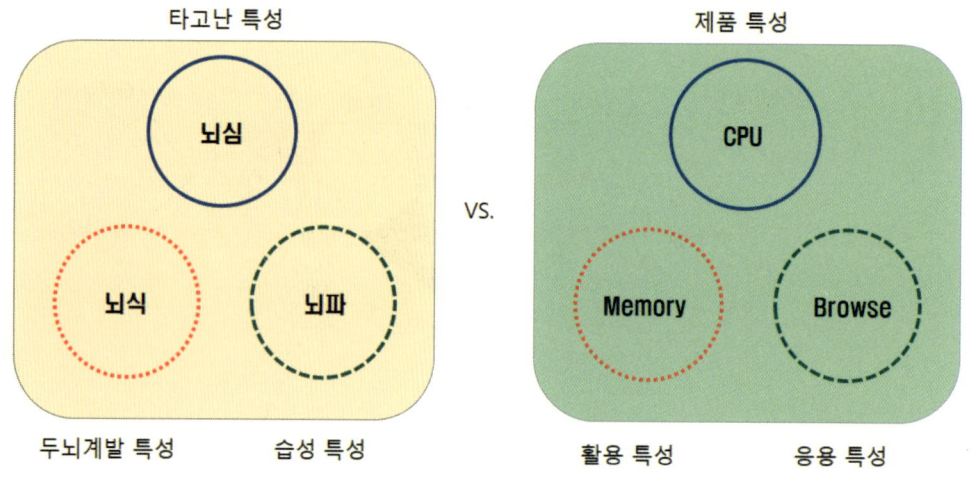

인간의 두뇌를 심리학적 관점에서 구조를 살펴보면, 두뇌는 뇌심, 뇌식, 뇌파의 3요소로 구성되어 있다. 두뇌를 컴퓨터와 비교 설명해 보면, "뇌심=컴퓨터의 CPU & 프로그램, 뇌식=하드 디스크와 보조 기억장치, 뇌파=Browse나 프린터"에 비교해 볼 수 있다.

그러므로 두뇌발달이라는 것은 두뇌의 3요소인 뇌심, 뇌식, 뇌파를 균형있게 발달시켜, 두뇌계발이나 학습활동 시에 적절히 대응해 나갈 수 있는 능력을 키우는 것이다.

태아의 두뇌발달

두뇌발달은 엄마의 태교법으로 시작된다. 태아의 두뇌발달은 타고난 두뇌특성에 많이 좌우되지만, 엄마의 태교법에 의해서도 두뇌발달과정이 많이 달라진다.

그러므로 태아의 두뇌발달은 유전적 특성 뿐만 아니라 엄마와의 소통에 의한 간접적 특성, 생물학적 생태특성에 따라서도 달라진다. 특히 엄마와의 소통에 의한 간접적 두뇌발달은 매우 중요한 사항이다.

태아의 두뇌발달 소통법

엄마-태아 소통법

엄마 ↔ 태아

1. 엄마의 생각
2. 엄마의 재능
3. 엄마의 놀이
4. 엄마의 운동
5. 엄마의 학습
6. 엄마의 감정
7. 엄마의 습성

위의 그림에서처럼, 엄마의 태교법은 "태아와의 소통법"으로 두뇌발달을 도모해 나가는 것이다. 태아의 두뇌 심리는 엄마의 심리상태와 동일하다고 볼 수 있다.

그러므로 엄마의 태교법에 의한 태아의 두뇌발달은 엄마의 마음, 심리, 행동의 3가지 요소에 따라 결정된다. 엄마의 행동, 감정 및 생각은 곧바로 아기의 심리작용에 많은 영향을 주기 때문이다.

예로서 엄마의 학습활동이나 재능활동은 태아의 두뇌학습과 재능학습의 효과로 나타나게 되며, 이를 통해 태아의 두뇌발달도 함께 진행되기 때문에, 태아의 두뇌발달 프로그램은 좋은 효과를 보게 될 것이다.

유아의 두뇌발달

유아의 두뇌발달은 많은 것을 보고, 듣고, 경험하는 것이며, 아이의 오감(눈, 귀, 코, 입, 손발)에 의해 두뇌발달이 촉진된다. 이러한 경험과 기억에 따라 아이들의 두뇌는 서서히 발달하게 된다.

그런데 유아의 경우에는 두뇌발달과 두뇌활동이 동시에 진행되기 때문에, 다양한 경험과 교육 프로그램들이 필요하며, 특히 두뇌활동과 가장 직결된 5감은 "눈(eye)"이기 때문에, 많은 것을 보고, 느끼고, 경험하고, 기억시키는 것이 곧 유아의 두뇌발달 프로그램이라고 할 수 있다.

유아의 두뇌계발 유형

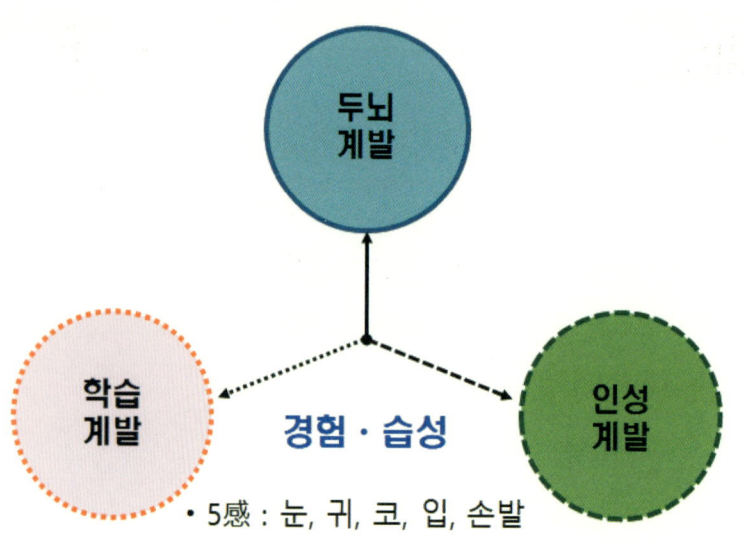

위의 그림에서처럼, 유아의 두뇌발달은 두뇌계발과 동시에 진행되기 때문에, 다양한 경험과 기억, 재능계발, 학습계발, 인성계발을 동시에 진행하는 것이 바람직하다.

유아의 두뇌발달은 스스로 인지하고, 판단, 결정하여 행동하는 것이 아니라, 오감(눈, 귀, 코, 입, 손발)에 의한 경험과 기억으로 발달되는 것이기 때문에, 두뇌계발은 특정 기능이나 5감의 일부 기능을 집중적으로 계발해 나가야 한다.

1-3 성장발달과 심리작용

아이의 성장발달에 따라 두뇌의 활동도 활발해 지고, 다양해지기 때문에, 다양한 두뇌활동을 지원하는 학습프로그램들이 속속 등장하고 있다.

일반적인 성장과정에서의 두뇌계발과 심리작용의 흐름을 살펴보면, 태아기, 유아기, 아동기, 청소년기로 대별하여, 언급하기로 한다. 여기서 태아기와 유아기는 두뇌발달 과정이고, 아동기와 청소년기는 두뇌계발과정으로 구분하여 다루기로 한다.

아이의 성장발달과 두뇌계발

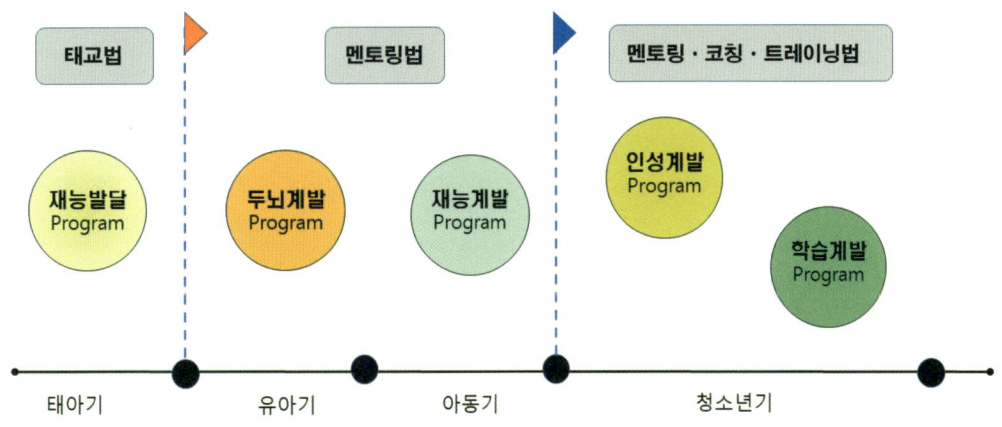

위 그림에서처럼, 태아기에서는 태아의 재능발달, 유아기에는 경험에 의한 두뇌발달, 아동기에는 재능계발을 위한 두뇌계발 과정이며, 청소년기에는 인성계발과 학습계발을 주목적으로 진행된다.

이러한 두뇌발달과 두뇌계발은 아이들의 심리상태와 심리작용에 의해 많은 영향을 받기 때문에, 인성계발과 성격힐링은 중요한 심리교정법이다.

색채미술 심리카드로 푼

아이의 재능계발

유아기를 지난 아동기의 아이들을 대상으로 하는 두뇌계발 프로그램은 다양한 재능계발을 위한 학습기회를 제공하는 것이 바람직하다. 아이들의 경우에 어떤 재능을 계발해야 할지 모르기 때문에, 다양한 재능계발을 위한 프로그램을 활용하는 것이 좋다.

아이들의 재능계발 프로그램은 다양한 것들이 있지만, 아이들의 두뇌계발은 "재능계발, 학습계발, 인성계발"에 맞추어서 사회적 적응력과 학습력을 배양해 나가야 한다.

아이들의 재능계발 프로그램

재능 분야	프로그램 내용
1. 그림	색상, 색채, 그림 공부
2. 음악	악기, 노래 공부
3. 무용	무용, 예능 공부
4. 운동	운동, 체육 공부
5. 웅변	말하기, 발표하기, 토론 공부
6. 학습	숫자, 산수, 언어, 과학공부

아이들의 재능에는 다양한 분야가 있지만, BNP 수리심리학에서는 오감(눈, 귀, 코, 입, 손발)과 두뇌 등의 재능 발굴을 위한 두뇌계발 프로그램이 있다.

아이들의 재능계발 분야로서는 "그림, 음악, 무용, 운동, 웅변, 학습"등이 있으며, 이러한 재능 중에서 탁월한 능력을 발휘하는 재능분야를 집중적으로 계발해 나가는 것이 주목적이다.

01 MENTORING

색채미술 심리카드로 푼

🟢 아이의 인성계발

아이의 인성에 가장 많은 영향을 주는 것은 성격일 것이다. 성격에는 타고난 성격과 성장하면서 익힌 습성이 주요한 요인이다. 이러한 성격과 습성이 아이의 인성계발과 성격형성에 많은 영향을 주기 때문에, 부적절한 행동이나 부족한 인성을 훈련시켜 계발해 나가야 한다.

아이의 인성에는 타고난 본성(本性), 배우고 익힌 지성(知性), 환경과 여건에 의해 형성된 인성(人性)이 있다. 이러한 인성분야의 계발을 위한 심리분석과 심리테스트는 아이들의 인성계발에 많은 도움을 줄 것이다.

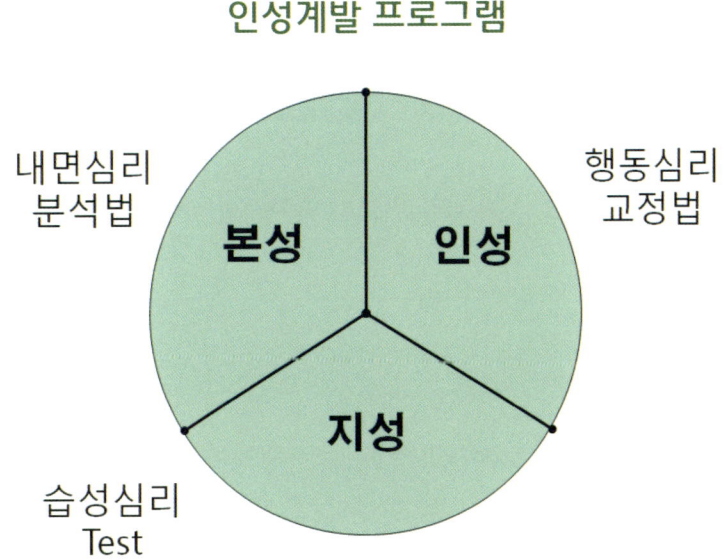

아이의 인성계발을 위한 심리분석법과 심리테스트를 간략하게 살펴보면 다음과 같다. 본성계발을 위한 "내면심리 분석법", 지성개발을 위한 "습성심리 테스트", 인성계발을 위한 "행동심리 테스트" 등이 있다.

또한 특수한 용도로 사용되는 심리테스트로서는 "숫자연상법 심리테스트, 타로심리 테스트, 색채미술 심리테스트"등의 유용한 방법이 있으며, 심리장애와 심리결함으로 나타나는 아이들의 심리적 질환이나 질병들을 치유하기 위한 다양한 방법들이 있다.

아이의 성격계발

아이의 인성에 가장 많은 영향을 주는 것은 성격일 것이다. 성격은 행동과 밀접한 관련성을 가지고 있지만, 성격성향은 심리작용과 사고성향에 따라 많은 차이가 난다.

일반적으로 성격은 크게 2가지 유형이 있는 데, 하나는 타고난 성격으로 변하지 않으며, 다른 하나는 성장하면서 형성된 현재의 행동성격이다. 그러나 성격은 심리적 작용에 강한 영향을 받기 때문에, 내면심리, 습성심리, 행동심리를 종합적으로 평가하지 않으면 안 된다.

아이의 성격 유형

심리의 종류	심리테스트 방법
1. 내면심리	숫자심리, 숫자풀이
2. 습성심리	숫자연상법, 색채미술 심리테스트
3. 행동심리	심리도구, 타로심리, 색채심리

아이의 성격형성은 타고난 성격, 습성형 성격, 행동형 성격 3종류로 대별되며, 아이들은 이들 3가지 성격이 환경과 여건에 따라 행동으로 나타나게 된다. 그러므로 행동이나 행위로서 아이들의 성격을 모두 평가하는 것은 바람직하지 않다.

아이들의 타고난 성격은 습성에 따라 변하고, 환경과 여건에 따라 달리 행동하는 경우가 많다. 따라서 아이들의 성격형성은 습관과 훈련에 의해 많은 변화를 가져온다고 할 수 있다.

좋은 성격형성을 위해 부모가 바라는 성격형성, 사회적 성격형성, 대인 친화적 성격형성을 위한 성격힐링 프로그램을 통해 성격교정과 성격힐링법으로 행동성격을 적절히 교정할 수 있다.

01 MENTORING

색채미술 심리카드로 푼

💬 아이의 학습계발

아이의 학습계발은 부모 입장에서는 누구나 바라는 마음일 것이다. 아이들의 심리상태는 "하고 싶은 것과 하기 싫은 것"으로 항상 양립되어 있다.

특히 아이들의 학습활동의 효과는 심리적 상태에 따라 많은 차이를 보이게 된다. 결국 공부를 하고 싶을 때, 집중력을 가지고 공부하는 것과 공부를 하고 싶지 않을 때, 공부에 매달리는 것은 학습효과에 많은 영향을 줄 것이다.

학습계발 프로그램

위의 그림에서처럼, 학습계발 프로그램을 통한 학습효과를 높이는 방법은 크게 3가지 유형으로 활발한 두뇌활동, 재능활동, 집중력에 있다. 이처럼 학습효과는 학습을 하고자 하는 두뇌활동, 학습을 하고자 하는 심리활동, 학습활동 시간의 집중력이 관건이 된다.

그러므로 3가지 유형이 일치되지 않는 시간이나 기간에는 학습효과를 높일 수 없기 때문에, 두뇌 Test, 재능 Test, 집중력 Test를 우선 실시하여, 가장 학습효과가 뛰어난 시간과 시기에 학습활동을 집중하는 것이 좋을 것이다.

1-4 아동 심리학

아이들의 두뇌발달 과정에서는 옳고, 그름을 판단하고, 분별하는 것이 아니라 오감으로 "보고, 듣고, 냄새 맡고, 맛 보고, 느끼는 것"으로 두뇌가 발달되어 간다,

그러므로 두뇌발달 과정에서의 경험, 지식, 인식과 느낌 등으로 인지된 오감의 결과(지식, 경험, 기억)들이 아이의 오성에 민감하게 반응하는 것을 아이의 심리작용이라고 한다.

아이의 성장발달과 심리작용

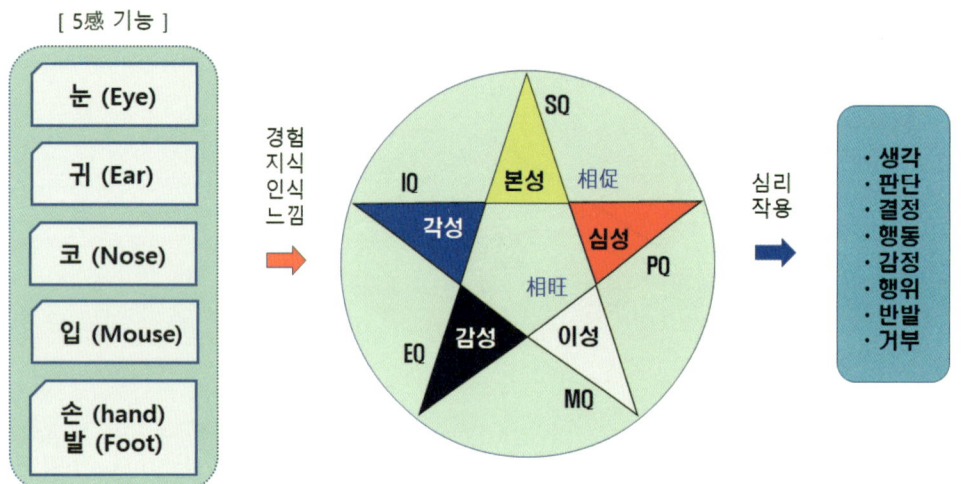

아동심리학에서 아이의 성장발달에 따라 두뇌발달은 골고루 두뇌 기능을 높이는 것을 말하고, 두뇌계발은 특정기능을 높이는 것을 말한다. 그러므로 아이들에게는 많은 것을 경험하고, 판단하고, 구별할 수 있는 능력을 배양하고, 오감의 기능을 골고루 경험하고, 기억할 수 있는 프로그램이 좋은 방법이다.

따라서 아동심리학에서는 두뇌발달과 재능계발을 위한 프로그램이 중요하며, 또한 습득한 경험이나 습성으로 인하여, 아이들의 오성을 자극하여, 그동안의 경험, 감정, 욕구에 따라 심리적 작용과 반응에 많은 차이를 보이게 된다.

색채미술 심리카드로 푼

😊 유아심리와 아동심리의 차이

유아의 마음과 심리는 성인들과는 달리 목적의식이 없기 때문에, 단순한 소유의식과 경험의식만 작용하게 된다. 그러므로 한번 경험한 것은 유아 자신도 모르게 욕구심리가 작용하여, 소유의식만 강하게 작용한다.

그러므로 유아들은 단순한 사고와 생각에 따라 경험한 지식을 그대로 행동으로 표현하기 때문에, 항상 반복된 행동으로 경험하고, 지식으로 습득하여, 습성심리로 두뇌 속에 의식으로 기억한다.

유아심리와 아동심리 차이점

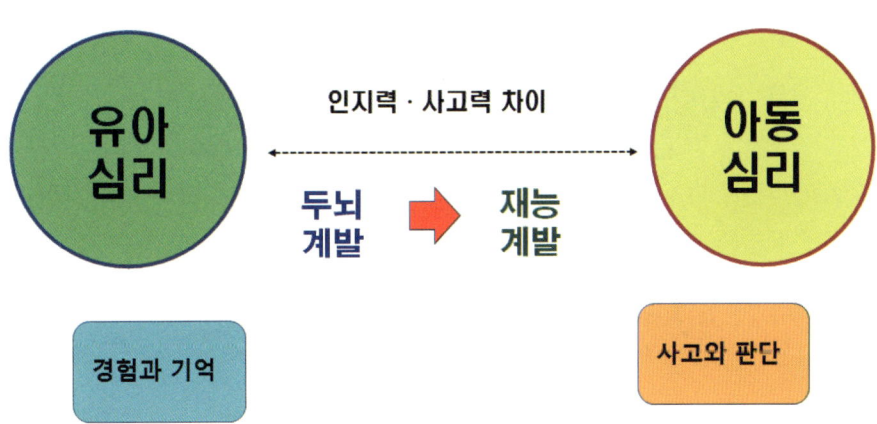

유아의 성장과정에서 잘못된 습관과 관습들은 나쁜 행동과 행위로 이어지게 되고, 실수나 오류를 범하게 되어, 사건이나 사고가 발생하게 되는 것이다.

이러한 잘못된 마음과 심리작용을 줄여나가는 것은 매우 중요하기 때문에, 유아들의 심리분석과 심리테스트를 통한 심리교정은 반복된 습성을 고쳐나가는 좋은 방법이다.

🗨 아동심리의 범주

아이의 성장발달은 두뇌계발 및 신체적 발달로 이어지면서, 다양한 시기를 겪게 된다. 유아기에는 두뇌발달, 아동기에는 두뇌계발과 재능계발, 청소년기에는 인성계발과 학습계발이 중요하다.

아동기의 심리작용과 반응은 욕구심리, 성격형성, 학습효과, 인성계발 등에도 많은 영향을 주게 되므로, 아동심리에서 중요시 해야할 사항은 다음과 같다.

아동심리의 범주

아동심리에서 주요한 관점은 두뇌발달, 재능계발, 인성계발과 그리고 성격형성에 주안점을 두어야 한다. 이러한 아동심리는 주로 엄마 멘토링 과정에서 나타난다.

대표적인 아동심리는 태아심리, 재능심리, 욕구심리, 오성심리(성격), 경험심리, 소유심리 등이 있으며, 아동심리에서 가장 중요시 해야 할 사항은 성격형성과 인성계발 프로그램이다.

특히 성격형성의 경우에는 아이의 타고난 성격(내면심리)과 행동심리(행동)를 비교 테스트하여, 좋은 성격을 지닌 아이로 성장발달 시키는 것이 주목적이므로 성격힐링과 성격멘토링이 좋은 방법이다.

아동심리 프로그램

(1) 태아 재능계발 프로그램 : 엄마의 사고와 생각, 행동, 활동에 따라 태아와의 소통을 통하여, 태아와 함께하는 두뇌계발, 재능계발, 감성 힐링 프로그램이다.

태아 재능계발

응용분야		상세 내용
어린이	두뇌 계발	태아의 두뇌계발을 위한 지적활동
	재능 계발	태아의 재능계발을 위한 재능행동
	감성 힐링	태아의 감성과 성격형성을 위한 행위

(2) 어린이 두뇌계발 프로그램 : 눈(시각)에 의한 학습과 인지, 기억, 분별, 수리, 판단력을 테스트 하는 종합적인 두뇌계발 프로그램으로 숫자공부, 색상공부, 미술공부, 도형공부 등이 가장 효과적이다.

어린이 두뇌계발

응용분야		상세 내용
어린이	숫자 공부	수리력, 산술력, 계산력, 각성
	색상 공부	분별력, 판단력, 기억력, 감성
	미술 공부	분별력, 판단력, 조화력, 감성
	도형 공부	조화력, 수리력, 기억력, 각성

(3) 어린이 재능계발 프로그램 : 아이에게 어떤 재능이 있는 지, 구별하는 것은 쉽지 않다. 그러므로 아동기에서는 다양한 재능계발을 위한 심리테스트와 적성테스트가 중요하다.

어린이 재능계발

응용분야		상세 내용
어린이	미술 재능	색채테스트, 미술심리 테스트
	운동 재능	적성 테스트, 신체 테스트
	발표 재능	재능 테스트, 대인활동 테스트
	음악 재능	노래 테스트, 재능 테스트

(4) 어린이 인성계발 프로그램 : 현재 아이의 성장에 따른 성격, 행동성향, 취미, 욕구, 특성, 재능 등을 종합적으로 분석하여, 필요로 하는 인성분야를 "심리분석, Healing, Coaching, Trainning, Mentoring 으로 수정해 나가는 방법이다.

어린이 인성계발

응용분야		상세 내용
어린이	성격 힐링	성격 테스트, 행동성향 테스트
	적성 힐링	적성 테스트, 욕구 테스트
	재능 힐링	재능 테스트, 예능 테스트
	학습 힐링	두뇌특성 테스트, 학습습관 테스트

1-5 청소년 심리학

청소년 심리학은 아동심리와는 달리, 감정에 많이 좌우되는 심리활동이 강하게 작용하기 때문에, 오성(본성, 심성, 이성, 감성, 각성)의 심리작용과 반응을 면밀히 테스트해야 한다.

특히 청소년기에는 사춘기와 맞물려, 아주 복잡한 심리적 갈등, 심리적 장애, 심리적 결함 등의 현상이 나타나기 때문에, 이를 극복하고, 교정하고, 고쳐 나가야 한다.

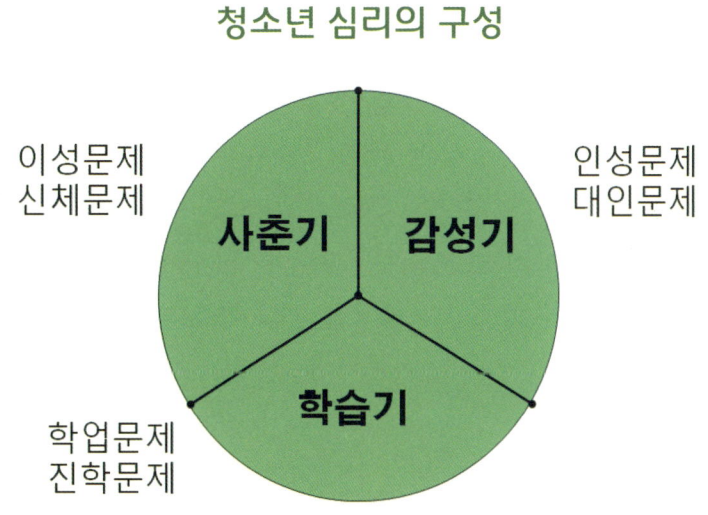

청소년 심리의 구성

청소년기는 "감성기, 사춘기, 학습기"와 맞물려, 복잡한 심리적 갈등 구조를 가지기 때문에, 이를 해소할 적절한 심리테스트, 심리교정, 심리치유법이 필요하다.

청소년심리학에서 다루어야 할 분야는 사춘기(이성문제, 신체문제), 학습기(학업문제, 진학문제), 감성기(인성문제, 대인문제)등에 대한 적절한 멘토링이나 카운셀링이 필요하다.

따라서 청소년 심리치유법을 위한 방법으로 심리교정과 심리치유를 위한 "카운셀링, 멘토링, 코칭, 트레이닝, 힐링법"등이 필요하다.

청소년 심리의 범주

  청소년 심리는 주로 "걱정과 고민"과 "반항과 부정이라는 2개 분야에 집중되어 있다고 해도 과언이 아니다. 급격하게 변하는 주변여건과 상황에 따라 심리작용이 강하게 발동하기 때문에, 이 시기가 가장 심리적 갈등이 심각한 때이다.

  특히 신체적 변화, 심리적 변화, 정신적 스트레스, 대인활동의 격차 등 스스로 판단하고, 결정하는 기회가 늘어나기 때문에, 이에 대한 반발, 불안, 부정, 반항 등의 "열등감과 욕구불만, 스트레스"등이 청소년의 심리를 자극하게 된다.

청소년 심리의 범주

(희망심리, 재능심리, 학습심리, 이성심리, 욕구심리, 진로심리 → 청소년 심리)

  이러한 정신적, 심리적 갈등과 불안에서 발생되는 청소년 심리를 대별해 보면, 희망심리, 재능심리, 학습심리, 이성심리, 욕구심리, 진로심리 등 다양한 심리작용과 반응이 나타난다.

  이와 더불어 심리적 장애, 심리적 결함, 정신적 스트레스 등으로 심리적 갈등과 학습 스트레스, 학교생활에 대한 불만 등 다양한 요인들이 청소년의 심리를 자극하여, 어려움을 겪게 된다. 청소년 심리프로그램을 살펴보면, 다음과 같다.

색채미술 심리카드로 푼

💬 청소년 심리 프로그램

(1) 청소년 진로상담 프로그램 : 공부와 재능분야로 나누어지며, 청소년들의 성공여부는 올바른 진로 지도와 재능 선택을 통해서만이 가능하다. 따라서 재능, 학습, 능력, 노력 등에 의한 진로선택과 진로방향 설정이 아주 중요하다.

청소년 진로상담

응용분야		상세 내용
청소년	두뇌 힐링	두뇌 특성에 따른 두뇌계발 프로그램
	학습 힐링	학습욕구에 의한 학습지도, 성적향상
	재능 계발	재능 분석 및 재능계발 프로그램
	진로 상담	진로특성에 따른 학습, 진학, 취업목표

(2) 청소년 심리상담과 고민상담 프로그램은 사춘기와 청소년기에는 심리적 갈등과 장애, 고민, 반항, 욕구불만 등으로 "성격성향과 행동성향"에 따른 변화를 극복하지 못하기 때문에, 이러한 어려움과 고통, 갈등 등을 해결하는 심리상담 치유법이다.

심리상담 & 고민상담 프로그램

응용분야		상세 내용
청소년	심리 상담	청소년들의 심리적 갈등 분석
	고민 상담	청소년들의 고민 해결
	장애 상담	심리 장애와 심리분석 (원인 & 이유)
	심리 치유	심리 결함과 장애의 치유법

제1장 엄마랑·아이랑 심리학

01
MENTORING

색채미술 심리카드로 푼

1-6　생활 심리학과 인생 심리학

　생활 심리학과 인생 심리학은 일상생활에서 나타나는 심리적 갈등과 정신적 고통을 극복해 나가는 과정을 말한다. 이 프로그램은 살아가면서 "힘들고, 어렵고, 고통스러운 일이나 사건"등으로 인한 심리적 갈등과 고통을 극복하는데 도움을 주는 상담이다.

　성인들을 대상으로 하는 심리학 분야는 크게 2가지 유형으로, 하나는 생활심리학 분야이고, 다른 하나는 인생심리학 분야이다. 생활심리학은 삶과 관련된 심리적 갈등과 고통을 다룬 분야이고, 인생심리학은 죽음과 관련된 노인심리학이라고 할 수 있다.

생활 심리학 & 인생 심리학

운세·궁합	취업·직장	재물·액운	건강·인생
취업상담 결혼상담	직장상담 사업상담	재물상담 장사상담	인생상담 건강상담
청년기	중년기	장년기	노년기

　성인들의 심리상담은 주로 생활 심리학 분야로서, 취업, 결혼, 직장, 사업, 장사, 재물, 건강분야 등이 주류를 이루고 있지만, 인생심리학인 노인심리학은 노인의 질병, 치료, 죽음 등과 관련된 심리적 안정과 심리적 치유를 주로 다룬다. 여기서는 인생상담과 노인상담에 필요한 색채카드 상담법과 Drawing Book를 활용한 심리테스트를 설명하고자 한다.

34　엄마, 내마음을 어떻게 알아?

생활과 인생심리 프로그램

(1) 인생 상담 및 운세상담 프로그램 : 대학생, 사회 초년생, 일반 성인들의 삶과 인생에 대한 궁금증과 고민, 당면과제 등을 상담하고, 분석하는 프로그램이다. 올바른 선택은 성공을 위한 최적의 방법이기 때문이다.

인생상담 & 운세상담 프로그램

응용분야		상세 내용
성인	학업·재능운	대학 진로, 전공, 기술, 재능분석
	연애·결혼운	연애운 상담과 결혼운 상담
	시험운	시험, 직장, 승진 등 시험운
	취업·직장운	취업 및 직장 선택, 이직 등
	사업·장사운	사업 및 장사운, 사업분야 및 시기
	기타	인생상담 전 분야

(2) 노인심리 상담 프로그램 : 건강관리, 요양관리, 여가와 놀이문화, 치매예방을 위한 기억력 향상 프로그램, 질병 치료나 요양관리를 위한 심리상담과 심리치유 프로그램에 활용할 수 있다.

노인심리 상담 프로그램

응용분야		상세 내용
노인 치매 요양	노인 심리	어르신(노인)들의 기억력 감퇴 방지
	치매 예방	노인들의 치매 예방 프로그램
	요양 심리	질병치료나 요양환자를 위한 심리치료
	기타	여가와 놀이, 건강 관리 프로그램

PART 02

색채미술 심리카드 탄생

2-1. 색채미술 심리란?

2-2. 색상(色相)심리 해설

2-3. 색채수리(色彩數理)심리 해설

2-4. 색채미술 심리카드 탄생

2-5. 색채미술 심리카드 해설

2-6. 색채미술 심리카드 응용

2-1. 색채미술 심리란?
2-2. 색상(色相)심리 해설
2-3. 색채수리(色彩數理)심리 해설
2-4. 색채미술 심리카드 탄생
2-5. 색채미술 심리카드 해설
2-6. 색채미술 심리카드 응용

색채미술 심리카드 탄생

2-1 색채미술 심리란?

색채미술심리는 색채미술심리카드(개발자 보적)를 이용하여, 색채심리, 숫자심리, 도형심리, 미술심리를 분석하여 아이들의 두뇌발달, 두뇌계발, 인성계발, 학습계발 프로그램을 진행하는 것이다.

색채미술심리카드는 색의 근원, 색의 원리, 수의 원리를 이용하여 수리법칙에 따라 아이들의 심리를 분석하고, 심리테스트를 통한 재능계발과 두뇌계발, 학습계발을 도모해 나가기 위한 심리도구이다.

색채미술 심리카드

색채미술심리카드는 "색의 조화와 수의 원리"를 이용하여, 간단하면서도 명쾌한 해답을 구할 수 있는 심리도구이며, Drawing Book(그림 그리기)은 미술심리를 이용하여, 아이들의 심리분석, 심리교정, 심리치유를 진행할 수 있다.

색채카드는 "수의 법칙"에 따라 "숫자=1~9"까지의 아홉 개의 수를 이용하고, 각 숫자의 법칙에 따라 9개의 수리법칙을 적용한다.

특히 "엄마 멘토링법"은 엄마(부모)와 아이와의 소통법으로, 심리를 분석하여 아이들의 두뇌계발, 인성계발, 학습계발 프로그램을 진행하는 "진로상담 멘토링법 프로그램"이다.

색채미술 수리심리란 무엇일까?

색채미술 수리심리란 "색, 수 그리고 도형"을 이용하여, 자연의 법칙에 따라 발생되는 자연현상을 기반으로 과학적인 수리법칙에 따라 심리분석과 심리테스트를 하는 세계최초의 이론과 학문이다.

색채미술 수리심리는 BNP 수리심리학의 "행동심리와 습성심리"를 동시에 풀 수 있는 이론이며, 숫자심리로 푸는 내면심리학과 함께 적용하게 되면, 심리적 장애, 심리적 결함, 심리적 갈등 등의 원인을 풀어낼 수 있다.

색채 수리심리론

위의 색채 수리심리론은 "색, 수, 도형"의 3가지 요소로 구성되어 있는 "색채미술심리카드"를 심리도구로 이용하여, 풀어나가는 이론이다. 기존의 많은 심리도구가 있지만, 이 카드는 아이들의 "두뇌발달, 두뇌계발, 인성계발, 학습계발" 등과 연계하여, 다방면으로 활용할 수 있다.

BNP 수리심리학은 "수의 법칙과 색의 원리"를 이용하여, 색채미술심리카드가 제작되었으며, 심리도구로 활용하여 심리테스트, 성격테스트, 진로상담 테스트 등 어린 아이에서부터 성인과 노인의 심리테스트까지 모든 연령층에서 이용할 수 있다.

색채미술심리의 종류와 유형

기존의 심리학은 대부분이 심리도구를 이용한 행동심리 분석법으로 진행해 나가는 것이 일반적이지만, BNP 수리심리학에서는 크게 "내면심리학, 습성심리학, 행동심리학" 3가지 유형으로 심리분석과 심리테스트를 진행하고 있다.

아래의 그림과 같이, 심리의 종류는 태어나면서 갖추어진 내면심리(잠재특성)과 학습과 경험에 의한 습성심리(잠재의식), 그리고 환경과 여건에 따라 표출하는 행동심리(성격과 행동)로 구성되어 있다.

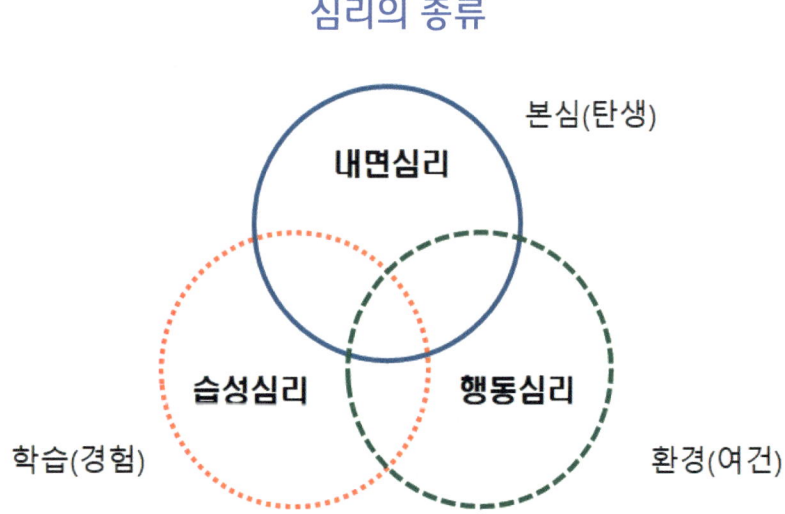

만약 심리적 장애, 심리적 결함, 심리적 갈등으로 어려움과 고통을 받고 있을 경우라면, BNP 수리심리는 심리치유에 아주 효과적일 것이다. 왜냐하면 내면심리와 행동심리의 작용과 반응을 관찰함으로써 심리적 장애 발생요인의 원인과 이유를 밝혀낼 수 있기 때문이다.

만약 과격한 돌출형 성격을 가진 사람이 현재 행동하는 성격성향이 거칠고, 돌발적인 행동을 빈번히 한다고 하더라도, 이것은 심리질환이나 장애로 판단할 수 없다. 왜냐하면 천성인 내면심리가 거칠게 행동하는 타입이라면, 현재 유사한 거친 행동은 정상적인 심리작용이기 때문에, 순한 행동성향을 가지는 습성심리 교정 훈련과 트레이닝이 필요하다.

색채심리의 상호작용

색채심리는 오감의 작용(경험과 지식)과 오성의 작용(심리작용과 반응)을 통해, 두뇌계발과 인성계발 프로그램을 운영할 수 있다. 여기서는 오성의 상호작용에 대해서 설명하고자 한다.

아이들은 희망, 욕구, 소유심리가 강하기 때문에, 이러한 주변 여건으로 발생하는 오성의 상호작용은 성인보다도 더 심하게 반응한다. 따라서 아이들의 개인적 행동성향에 따라 작용하는 행동이나 성격을 관찰하여, 사회적 적응력을 높여 나갈 수 있다.

오성의 상호작용

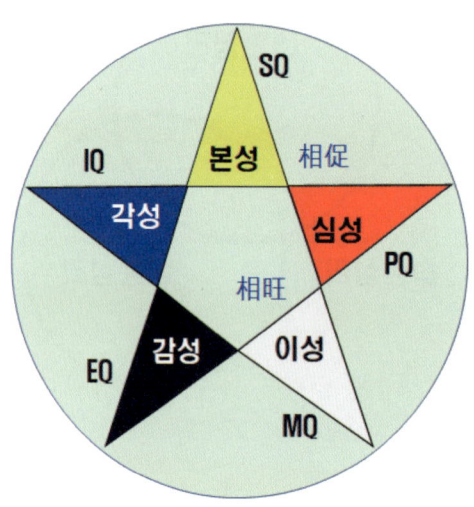

아이들은 주어진 강한 오성(본성, 심성, 이성, 감성, 각성)의 기운이 행동으로 나타내기 때문에, 행동한 일이나 사건에 대한 행동심리를 관찰하면, 오성의 작용을 풀어낼 수 있다.

따라서 강한 오성의 기운을 줄이지 않으면, 다시 새로운 오성의 상호작용에 따라 엉뚱한 행동이나 행위로 인해, 일이나 사건이 발생될 수 있으므로, 지나치게 과도한 아이들의 행동과 반응을 줄여 나가는 방법이 곧 힐링법이다. 아이들에게 가장 중요한 힐링법은 성격힐링법이다.

02 MENTORING

💬 엄마랑 함께하는 색채심리

 엄마랑 함께하는 색채심리는 색채미술심리카드와 Drawing Book을 이용하여, 엄마 멘토링법으로 엄마가 직접 아이의 맨토(Mentor)가 되어 아이의 심리분석을 위한 심리테스트를 통해 아이의 두뇌계발은 물론 인성계발을 돕는 역할을 한다.

 엄마랑 함께하는 멘토링법으로 아이의 심리테스트를 통한 인성계발을 돕고, 색채미술을 통한 두뇌발달과 두뇌계발을 도울 수 있으며, 색채카드로 함께 공부하고, 함께 놀이하면서 아이와 소통할 수 있다.

색채미술 심리테스트

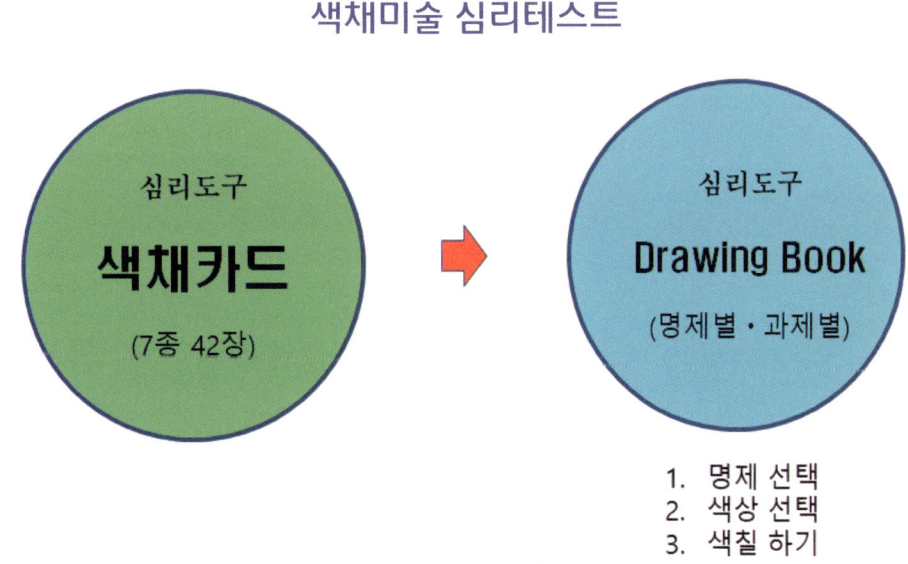

 엄마랑 함께하는 색채미술 심리테스트는 "엄마랑 함께하는 멘토카드(색채미술카드)"를 심리도구로서 활용하고, "심리테스트용 Drawing Book"를 이용하여, 아이들의 심리를 분석하는 것이다.

 색채카드는 총 7종 42장으로 구성되어 있으며, 숫자심리, 색상심리, 도형심리, 미술심리 테스트를 동시에 진행할 수 있으며, Drawing Book은 심리테스트 과제(심리테스트 명제)에 대한 그림과 스케치를 명제에 따라 선택하고, 색상심리 테스트를 위한 색상 선택과 색칠하기를 통해 심리를 분석하는 방법이다.

쌤이랑 함께하는 색채심리

쌤(유아원, 유치원 선생님)이랑 함께하는 색채심리는 어린이집이나 유치원, 초등학교에서 "쌤이랑 함께하는 색채미술심리카드"와 "심리테스트용 명제별 Drawing Book"을 활용하여, 아이의 심리교정, 행동수정, 성격힐링에 필요한 맞춤식 프로그램이다.

쌤이랑 함께하는 색채심리테스트는 어린이집이나 유치원에서 아이들의 행동이나 심리갈등을 체크하고, 분석하는 심리테스트를 통하여 아이들의 성격을 올바르게 형성하도록 돕고, 심리적 갈등을 교정하고, 행동의 장애나 결함을 치유할 수 있다.

색채미술 심리치유법

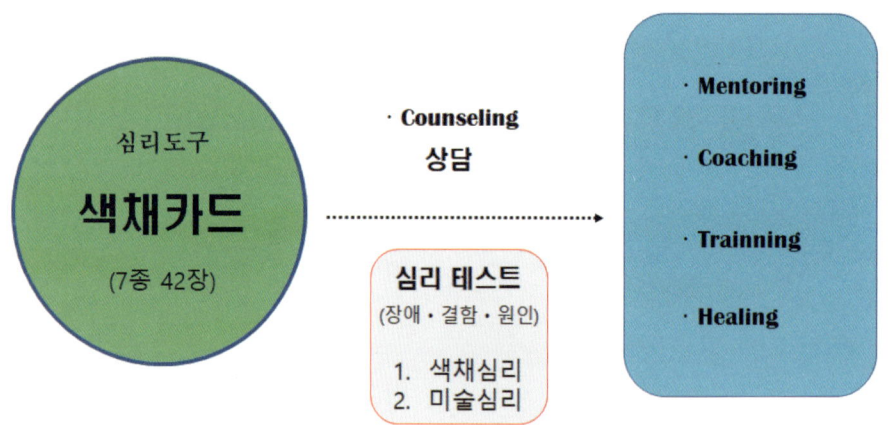

쌤이랑 함께하는 색채심리테스트는 아이들의 성격장애, 심리갈등, 행동결함 등을 교정하고, 치유할 수 있는 특별한 심리도구가 될 것이다. 또한 쌤이랑 멘토링법은 가정에서 엄마 멘토링법과 상호 연동시켜, 아이들의 미래의 꿈을 실현시키고, 사회 친화적 인재로 교육시켜 나갈 것이다.

색채미술심리카드는 아이들의 올바른 성장, 두뇌계발, 인성계발을 위한 "Counseling, Mentoring, Coaching, Trainning, Healing"에 아주 유용하게 활용될 것이다.

2-2 색앙(色相)임리 해열

색상심리를 설명하기 전에, 색(Color)의 중요성에 대해서 우선 알아보자. 색이란 눈의 작용과 반응에 따라 나타나는 색상, 명도, 채도 등의 속성을 말한다. 아이들은 주변 환경을 보고, 느끼고, 경험하고, 판단하고, 기억하면서 두뇌가 발달되고, 계발되어 간다.

결국 눈으로 보고, 경험한 지식들로 인해, 아이들의 오성(SQ, PQ, MQ, EQ, IQ)에 영향을 주게 되고, 이들 오성의 영향이 아이들의 성격형성과 심리반응을 일으키게 된다. 따라서 색은 매우 중요하다.

색(Color) VS. 두뇌개발

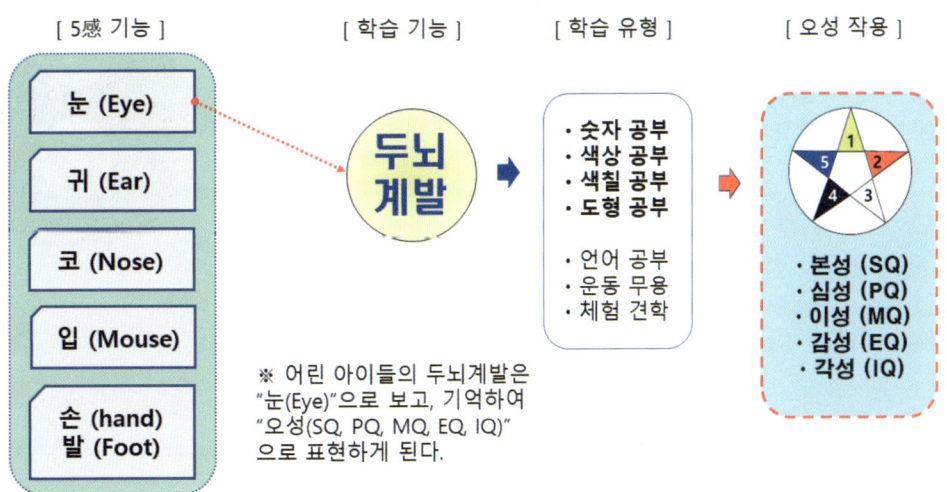

위의 그림에서처럼, 아이들의 두뇌발달과 두뇌계발은 눈으로 경험한 것이 가장 크기 때문에, 사물을 인지하고, 구별하고, 판단하는 기준은 곧 사물과 물체의 색과 모양이므로, 색상심리는 아주 중요하다.

아이들의 두뇌는 5감(눈, 귀, 코, 입, 손발)에 의해 경험과 지식을 통해 발달되고, 또한 아이들의 두뇌계발은 "숫자공부, 색상공부, 색칠공부, 도형공부, 미술공부"등을 통해 아이의 오성(본성, 심성, 이성, 감성, 각성)이 발달하고, 계발된다.

02 MENTORING

💬 색(Color, 色)이란 무엇인가?

색상심리를 설명하기 전에 색의 근원과 원리에 대해서 먼저 알아보자. 빛은 자연의 색인 무광색으로 보이지만, 이를 빛의 구조, 원리, 파장에 따라 프리즘을 통해 분석하고, 분해하면, 다양한 색으로 나누어진다.

특히 눈(Eyes)의 작용과 반응에 따라, 나타나는 색상, 명도, 채도 등의 속성을 색이라고 한다. 과학이론으로 정의된 빛의 삼광색(일명, 三光色)은 "파랑, 빨강, 초록색"이며, 색의 삼원색(일명, 三原色)인 "파랑, 빨강, 노랑색"이다.

색의 구성과 원리

삼광색	파랑		삼원색	파랑	
	빨강			빨강	
	초록			노랑	
기본 색	기본색(삼광색·삼원색 : 6색), 자연색(무지개색 : 7색)				
혼 합 색	기본색(삼광색·삼원색)과 자연색(무지개색)을 기반으로 서로 다른 색의 혼합과 조화 이론으로 풀어간다.				

색채미술 심리카드에 사용되는 색의 종류는 삼원색(3), 사방색(4), 오방색(5), 육원색(삼광색+삼원색, 6), 무지개색(자연색), 팔방색(8), 구기색(종합색)으로 총 7종류의 색채카드로 구성되어 있다.

BNP 색채카드는 "수의 원리, 수리법칙, 색의 원리, 색의 조화"이론을 종합적으로 적용하여, 체계적인 이론과 논리를 정립하였고, 이러한 근거에 따라, 색채카드는 인간의 심리작용과 반응, 그리고 내면심리와 습성심리의 이론적 배경을 기반으로 탄생하였다.

색상 공부하기

색상공부는 색의 근원, 색의 탄생, 색의 원리, 색의 법칙을 근거로 공부해야 한다. 특히 아이들의 경우 인지능력을 충분히 갖추지 못하고, 경험과 지식의 분별력이 부족하기 때문에, 차근차근 자연의 이치에 맞는 과학적 이론과 근거를 가르쳐야 한다.

어릴 때의 잘못된 기억과 올바르지 못한 경험은 결국 두뇌발달과 두뇌계발에 장애요인이 되기 때문에, 체계적이고, 논리적인 이론과 논리를 적용하여 색상공부를 가르쳐야 한다.

색상 선택의 기준

색의 종류	풀이 & 해석법
• 삼원색 (3)	• 기운과 기세
• 사방색 (4)	• 사람과 인연
• 오방색 (5)	• 작용과 반응
• 육원색 (6)	• 판단과 결정
• 무지개색 (7)	• 감정과 개성
• 팔방색 (8)	• 희망과 욕구
• 구기색 (9)	• 사고와 현상

색상공부 이전에 색의 근본과 원리를 우선 습득해야 하고, 이를 인식해야 하기 때문에, 색상이 의미하는 심리적 작용과 반응의 원리를 올바르게 알아야 한다.

BNP 색채심리카드는 자연의 이치, 숫자의 원리, 색의 조화에 이르는 이론과 논리를 풀어 색이 나타내는 인간의 심리적 요인과 원인을 과학적인 논리로 설명하였다.

02 MENTORING

색채미술 심리카드로 푼

💬 색칠 공부하기

아이들의 두뇌발달과 두뇌계발에서 가장 많은 영역은 그림공부와 미술공부로서 유아교육과 유치원 교육에서 매우 중요한 과정이다. 그러나 그림을 잘 그리고, 그리기를 좋아하는 아이들은 즐겁지만, 그림을 잘 그리지 못하는 유아들에게는 엄청난 "스트레스와 고통"이 뒤따른다.

그렇다고 해서 동일하게 스케치된 그림을 단순하게 색칠하는 색칠공부는 아이의 두뇌계발과 심리반응을 관찰하는 데, 어려움이 많다.

색칠 공부의 기본절차

색의 선택	풀이 & 해석법
• 바탕색	• 바탕색은 아이들의 현재 심리적 근본과 기운을 표시한 것이기 때문에, 가장 먼저 바탕색을 선택하도록 한다
• 명제 설정 (그림)	• 명제설정에 따라 선택된 "사물, 사람, 물건, 장소" 등의 색상으로 통해 심리반응을 풀어 나간다.
• 색칠 반응	• 색칠에는 아이의 관심, 자극, 고민, 충격 등의 차이에 따라 심리반응을 분석해 낸다.

BNP 색채심리학은 아이들의 두뇌계발과 심리반응을 테스트 할 수 있는 "Drawing Book"을 이용하여, 아이들의 심리반응과 심리적 갈등을 파악할 수 있는 "그림 선택과 색칠하기 방법"을 통해 색채심리테스트가 가능하다.

Drawing Book을 이용한 색칠하기는 각 개인의 심리적 상태, 심리적 갈등, 심리적 반응을 담아 그림을 그리기 때문에, 어린이집이나 유치원에서 선생님과 함께 그린 Drawing Book은 아이들의 성격유형과 심리적 갈등을 분석하여, 심리교정이나 성격힐링에 많은 도움을 준다.

2-3 색채미술 수리심리 해설

"자연의 색과 자연의 숫자"의 상관관계를 분석해 보면, 이론적으로 아주 밀접한 연계성을 가지고 있기 때문에, "색의 원리"와 "수리 법칙"에 따라 색채수리심리를 푼다.

자연에서 주어지는 색과 수(數)의 상관관계를 살펴보면, "1=무광색", 2=흑백색, 3=삼원색, 4=진한색, 5=오방색, 6=육원색(삼원색+삼광색), 7=무지개색, 8=옅은색, 9=구기색"으로 나타낸다.

색상 vs. 도형 vs. 숫자의 선택 기준

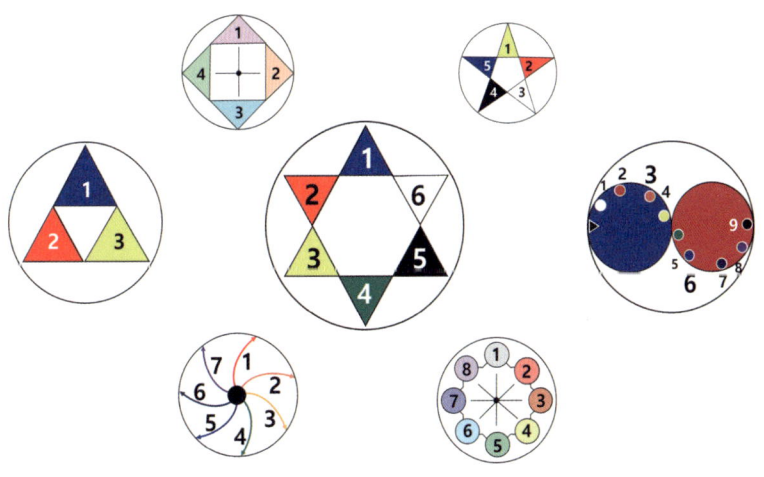

색채 수리심리는 "색, 색상, 수, 숫자, 도형, 그림"을 동시에 접목하여, 아이들의 심리상태를 분석하여 두뇌발달을 촉진하고, 심리적 안정을 통한 성격을 형성시킬 수 있다.

색채 수리심리론은 "색과 수의 조화이론"으로 색의 법칙과 수의 원리를 접목하여 이론과 논리로서 풀어 나가는 이론이다. 이 이론은 수의 정의에 따라 "숫자=1~9"까지를 사용하고, 색의 정의는 "무지개색(7)과 흑백(2)"의 수리법칙을 적용한 이론이다.

색(色)의 조화와 수(數)의 원리

BNP 색채 수리심리론은 "수와 색의 상관관계"로 심리상담법과 심리테스트 이론으로 정의하였다. 따라서 "수의 원리와 색의 법칙"에 따라 푸는 수리법칙은 누구에게나 동일한 결과를 추출할 수 있는 탁월한 기법이다.

색채수리심리학은 수리법칙과 색의 추출(선택)에 따라 심리상태를 분석하고, 상담하는 방법이기 때문에, 그동안 기억하고, 경험한 색채와 형태로서 사물과 물건을 구별하고, 분별할 수 있는 두뇌발달의 정도를 측정할 수 있다.

수와 색의 조화 원리

수	수리법칙	색의 순서	심리작용
1	천수진리법	흰색	*
2	음양이치론	빨강	남녀 구분
3	천지조화론	주홍	심리 구성
4	사계운기론	노랑	심리 환경
5	오행작용론	초록	오성 작용
6	육원구성론	파랑	심리 구성
7	칠성요소론	남색	심리 특성
8	팔방반응론	보라	심리 반응
9	구기변화론	검정	오성 주기

위의 표에서처럼, 수의 원리는 "개수와 순서"에 따라 설명되고, 그 수의 특별한 수리법칙(창시자 보적)은 BNP 수리심리학의 근본이론이며, 색의 순서는 자연색의 근본인 무지개색과 흰색, 검정색 등 총 9가지 색으로 구성된 색과 수의 상호 연동이론이다.

02 MENTORING

색채미술 심리카드로 푼

🗨 색채미술심리의 개요

색채미술심리는 색상의 선택과 그림의 구성과 그리기 순서를 분석하여, 인간이 미술로 표현하게 함으로써, 인간의 내면적 심리를 분석해 나가는 방법이다. 어린 아이의 경우에는 자기표현력이 부족하기 때문에, "색상의 선택과 Drawing Book 그리기"를 통해 심리를 Test하는 방법이다.

색채미술은 어린아이들의 "인성계발과 두뇌계발, 그리고 재능계발"에 가장 중요한 교육프로그램의 하나이며, 아이의 행동과 습성을 통해 아이의 심리를 파악하고, 심리를 교정하고, 성격을 힐링해 나갈 수 있는 가장 좋은 방법이다.

색채미술과 심리작용

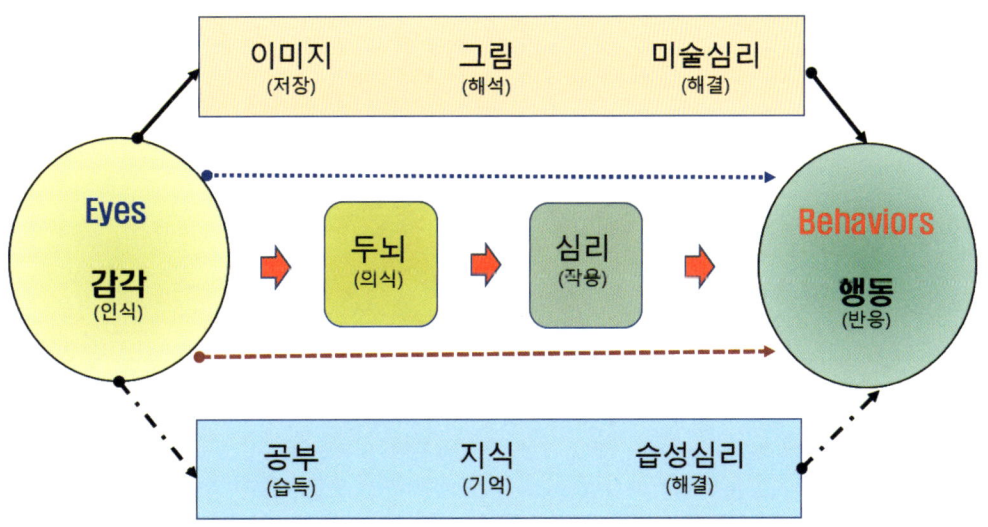

위의 그림에서처럼, 아이들에게 가장 중요한 5감 기능은 "눈"이기 때문에, 모든 경험과 지식들을 받아들이는 1차 통로이다. 이렇게 습득하고, 인지한 지식들은 두뇌에 기억되고, 습성과 의식으로 자리잡게 된다.

어떤 환경과 여건의 변화에 따라 그동안 경험하고, 기억된 의식을 기반으로 판단하고, 결정하여 심리적 작용과 반응이 일어나게 되는 데, 이것이 성격성향과 행동성향으로 표출한다.

색채미술심리의 작용

색채미술심리인 "BNP Psychology(창시자 보적)"는 인간의 오감(눈, 귀, 코, 입, 손발)으로 경험하고, 기억한 두뇌 속의 의식작용으로, 오성(五性 : 본성, 심성, 이성, 감성, 각성)을 자극하여, 성격과 행동으로 나타내는 심리적 작용과 반응을 말한다.

아이들의 심리는 두뇌 속의 의식의 판단과 결정에 따른 행동하고자 하는 성향과 마음을 나타낸 것으로, 어떤 주어진 여건과 환경에 따라 어떤 심리적 상태와 행동성향을 의미한다.

오성의 상호작용

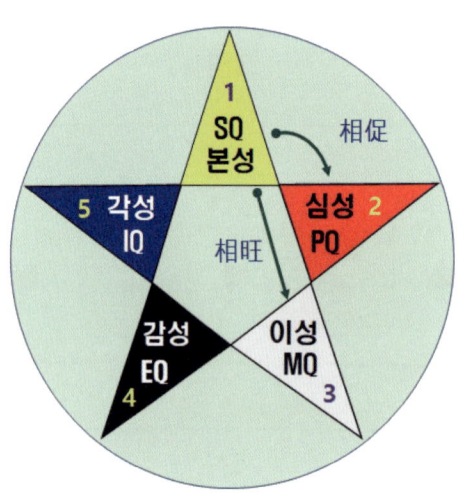

수리심리학에서 인간의 5가지 특성을 오성(五性)이라고 하며, 본성, 심성, 이성, 감성, 각성으로 구성되어 있고, 이들 오성의 기운이 어떻게 변하느냐에 따라 아이들의 성격성향과 행동성향이 달라진다.

이들 오성은 본성(SQ), 심성(PQ), 이성(MQ), 감성(EQ), 감성(IQ)로 구분되며, 이들의 작용도에 따라 다양한 두뇌지수들을 테스트할 수 있다. 이들 지수들의 차이에 따라 아이들의 인성교육, 성격형성, 심리교정 등에 유용하게 응용할 수 있다.

02
MENTORING

💬 색채미술 심리상담법

색채미술 심리상담법에는 다양한 방법과 여러 가지 심리도구들이 이용되고 있으며, 심리상담법에는 내면심리상담법, 행동심리상담법, 습성심리상담법 3종류가 있으며, 색채미술 심리테스트로서는 "습성심리와 행동심리" 상담이 가능하다.

특히 여기서는 심리테스트로 불가능한 분야에 해당하는 "내면심리 분석법"은 매우 중요하기 때문에, "숫자풀이 수리심리학(내면심리)"이론에 따라 성격분석과 오성풀이법을 알아본다.

심리의 유형

순 서	내면심리	습성심리	행동심리
숫자풀이	심리분석법	*	*
색채카드	*	색채카드	색채카드
타로카드	*	(일부)	타로카드

색채미술 심리상담법에도 다양한 심리도구와 심리테스트 방법들이 있지만, 여기서는 색채미술카드를 심리도구를 사용하여, 아이들의 심리상담, 심리교정, 성격힐링 등의 상담을 진행하는 방법을 설명하고자 한다.

BNP수리심리학에서 사용하는 심리도구별 상담법에는 내면심리 상담법(숫자풀이법), 습성심리 상담법(색채카드, 숫자연상법), 행동심리 상담법(색채카드, 타로카드)이 있다.

아이들의 심리테스트는 성인과는 달리 습성심리와 인성교육이 매우 중요하기 때문에, 색채심리카드를 이용한 습성심리테스트와 행동심리테스트를 사용하는 방법을 예시하고자 한다.

2-4 색채미술 심리카드 탄생

색채미술 심리카드는 "인간의 오성과 수리법칙의 원리"에 따라 "색과 숫자의 결합 이론"으로 색의 조화와 인간의 내면을 풀어나가는 심리도구이다.

이 색채미술 심리카드는 "수의 원리와 수리법칙"에 따라 BNP 습성심리이론에 근거하여, "심리적 요인과 색의 조화"에 의해 3~9까지의 수리법칙과 색의 조화에 따라 총 7종 42장으로 구성되어 있다.

색채미술 심리카드의 탄생

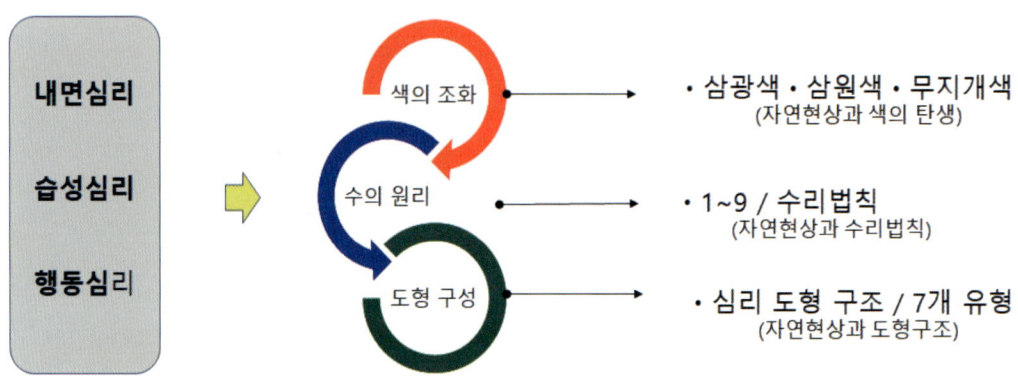

색채미술 심리카드는 크게 3가지 유형의 용도가 있으며, 대표적인 예로 유아들의 두뇌발달 프로그램용이 있고, 아동교육을 위한 색채미술교육용이 있으며, 인성교육을 위한 심리상담 및 심리교정용 심리도구로 사용된다.

또한 BNP 수리심리학 이론을 기반으로 푸는 색채미술심리카드의 두뇌발달, 두뇌계발, 인성교육 프로그램으로는 "산모들의 재능교육 태교용", "엄마랑 함께하는 심리테스트용", "쌤이랑 함께하는 인성교육용", "전문상담사와 함께하는 심리교정용" 프로그램들이 있다.

색채미술 심리카드의 용도

색채미술 심리카드는 어떠한 용도로 사용될까?

부모의 아이에 대한 관심은 크게 인성교육, 두뇌계발, 성격형성, 학습계발을 통해, 훌륭한 아이로 성장시켜 나가는 것이다. 이러한 성장교육 프로그램을 단계별, 나이별로 살펴보면, 아래의 표와 같다.

색채미술 심리카드의 용도

프로그램 종류	심리 Test	치유법
1. 인성계발 프로그램	오성 Test	Coaching
2. 두뇌계발 프로그램	두뇌 Test	Training
3. 성격힐링 프로그램	성격 Test	Healing
4. 학습계발 프로그램	진로 Test	Mentoring

위의 표에서처럼, 아이들에게 필요한 4가지 교육프로그램으로 "인성계발 프로그램, 두뇌계발 프로그램, 성격힐링 프로그램, 학습계발 프로그램"등이 있으며, 색채미술심리카드는 재능분석, 진로상담, 학습능력 향상 상담의 심리도구로 사용될 수 있다.

이와더불어 색채미술카드는 아이들이 고쳐야 할 성격성향, 행동성향, 심리교정, 장애치유 등의 심리테스트와 심리치유용 심리도구로 사용될 수 있기 때문에, Counseling, Mentoring, Coaching, Trainning, Healing법에 매우 유용하게 사용될 수 있다.

색채미술 심리카드의 구조

색채미술 심리카드는 총 7종 42장으로 구성되어 있으며, 전면에는 수리법칙 (3장~9장)에 따른 색상의 원리와 색의 조화 원칙에 맞춘 색채카드이고, 뒷면은 숫자와 도형의 원리를 이용한 미술카드 겸용으로 제작되었다.

색채미술 심리카드는 두뇌계발을 위한 색상공부, 인성계발을 위한 재능심리 테스트, 습성심리 교정을 위한 심리테스트, 적성테스트를 위한 진로상담법, 성격형성을 위한 성격분석법 등 다방면으로 이용 가능하다.

색채미술 심리카드 구조 (앞·뒷면)

위의 그림에서처럼, 색채카드의 앞면은 수리법칙에 의한 색상과 숫자와 도형으로 구성되어 있으며, 중앙의 둥근 무늬 속에는 각 카드의 심리특성을 분석할 수 있다.

뒷면에는 수리법칙에 따른 카드유형에 따라 동일한 무늬로 구성되어 있으며, 숫자공부, 색상공부, 도형공부 등을 비롯하여, 행동심리 상담도 가능하다.

색채미술 심리카드의 구성

색채미술 심리카드는 "숫자의 원리, 수리 법칙, 색의 원리"에 따라 총 7종의 42장으로 구성되어 있다. 각 카드의 종류에 따라 뒷면의 구조는 동일하다.

색채미술 심리카드는 3장(삼원색), 4장(혼합색), 5장(오방색), 6장(빛과 색의 조화), 7장(무지개색), 8장(혼합색), 9장(자연색의 구성)인 총 42장으로 구성되어 있다.

색채미술 심리카드의 구성 (7종 42장)

위의 그림에서처럼, 뒷면 그림은 총 7개 유형이 있으며, 카드유형은 "색과 수와 도형의 원칙"에 따라 제작되어 있으므로, 수리법칙과 심리작용의 역할을 설명한 것이다.

색채카드의 수리법칙은 "3=천지조화론, 4=사계운기론, 5=오행작용론, 6=육원구성론, 7=칠성요소론, 8=팔방반응론, 9=구기변화론"에 따른 상담기법을 예시한 것이다.

색채카드를 이용한 상담에 필요한 카드초이스법은 각종 카드의 "유형별선택법과 초이스법"으로 카드와 색상을 선택하고, 수리법칙 통변법에 따라 카드를 해석해 나간다.

02 MENTORING

색채미술 심리카드의 유형

색채카드는 7종, 총 42장으로 구성되어 있고, 3~9까지의 수리법칙을 적용하기 때문에, 각종 카드에는 각각의 특성을 지니고 있다. 카드유형은 철저한 자연의 이치에 따라 나타난 색의 원리에 따라 심리작용의 서로 다른 의미를 가지고 있다.

색채카드의 풀이와 해석법은 수리법칙에 따라 카드 수가 결정되고, 각 카드에 색상이 부여되면, 카드별 의미가 결정되기 때문에, 체계적인 이론과 논리로서 과학적 해석이 가능하다.

색채카드의 종류

수리법칙	개수	풀이 내용
• 천수진리법	*	*
• 음양이치론	*	*
• 천지조화론	3장	기운(氣運)·기세(氣勢)
• 4계운기론	4장	인간(人間)·인연(因緣)
• 5행작용론	5장	반응(反應)·행동(行動)
• 6원구성론	6장	판단(判斷)·결정(決定)
• 7성요소론	7장	감정(感情)·개성(個性)
• 8방반응론	8장	희망(希望)·욕구(慾求)
• 9기변화론	9장	사고(思考)·현상(現像)

색채카드의 풀이와 해석은 "3장=기운과 기세, 4장=인간과 인연, 5장=반응과 행동, 6장=판단과 결정, 7장=감정과 개성, 8장=희망과 욕구, 9장=사고와 현상"의 의미로 카드를 푼다.

색채카드는 9장의 카드를 "기본카드'로 명명하고, 카드초이스를 진행할 때 가장 먼저 진행하는 카드이다. 이 9장의 카드의 색상 순서는 "흰색, 빨강, 주홍, 노랑, 초록, 파랑, 남색, 보라, 검정"순이다.

2-5 색채미술 심리카드 해설

색채카드는 특별한 이론과 논리에 따라 제작되었기 때문에, 풀이와 해석에 있어서도 체계적이고, 과학적인 상담과 통변이 가능하다. 또한 색채카드는 숫자의 의미를 기준으로 하여, 색상의 선택, 색상의 갯수, 도형의 의미, 수리의 원리에 따라 풀기 때문에, 사용시 "동일한 해답"을 찾을 수 있다.

따라서 색채카드는 인간의 습성, 욕구, 심리작용을 풀어 나가는 도구이기 때문에, 유아의 두뇌계발, 아동의 재능계발, 청소년의 학습계발 및 심리상담, 어른들의 인생상담과 노인심리에 이르기 까지 사용이 가능하다.

색채미술 카드의 상호관계

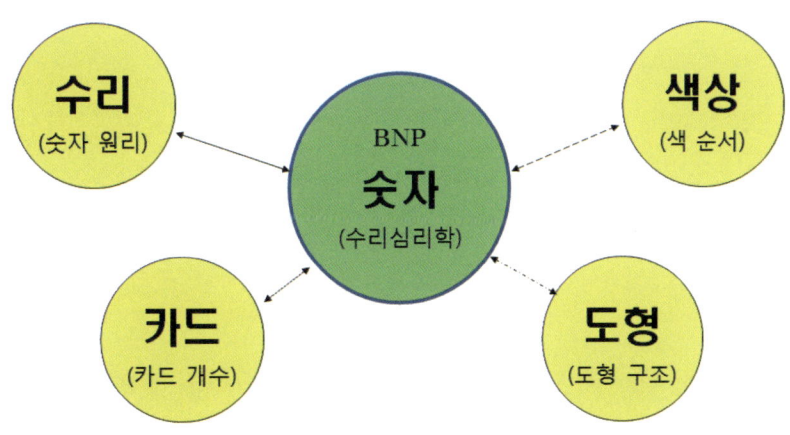

색채미술 심리카드는 5개의 인자, 즉 "숫자 순서=색상의 순서=색의 선택=도형의 선택=카드의 갯수=수리법칙의 적용"등이 서로 상호관련성을 가지고 있다.

따라서 색채카드를 구성하고 있는 5개의 인자들이 체계적이고, 유기적으로 연결되어 있기 때문에, 다양한 상담명제나 과제에 대해서도 사용이 가능하다. 또한 동일한 개념과 절차에 따라 체계적이고, 과학적으로 해석되기 때문에, 누구나 쉽게 이용할 수 있다.

02 MENTORING

색채미술 심리카드로 푼

💬 3장 카드의 의미 : 기운(氣運)·기세(氣勢) 카드 해열

3장 카드는 삼원색 카드(파랑, 빨강, 노랑)로서 "기운(氣運)·기세(氣勢)"를 의미하며, 가장 많이 사용되는 카드 중의 하나이다.

삼원색(3장) 카드의 구성

3장 카드를 일명 "도움카드"라고 부르기도 하며, 일반적인 심리상담이나 청소년 상담, 성인의 상담에서 매우 유용하게 사용된다. 또한 3장 카드는 내면성인 잠재성향, 성격성향, 의지력 등의 기운과 기세를 나타내는 카드이기 때문에, 상담시에 아주 유용하다.

◆ 3장 카드 해설 : 기운(氣運)·기세(氣勢)

색의 종류	카드의 의미
파랑	안정, 자신, 중, 도도, 가족, 天氣, 天緣
빨강	불안, 모험, 고, 고집, 지인, 地氣, 地緣
노랑	혼란, 갈등, 저, 유화, 인연, 人氣, 人緣

【 사례 】"성격성향 테스트"에서 빨강색 카드를 선택하였다면, 현재 지니고 있는 성격성향을 강하게 표출하고, 행동하고자 하는 생각과 마음이 자리 잡고 있음을 의미한다.

4장 카드의 의미 : 인간(人間)·인연(因緣) 카드 해설

4장 카드는 사방색 카드(진한 파랑, 진한 빨강, 진한 노랑, 진한 회색)로 "인간(人間)·인연(因緣)"를 의미하며, 삼원색과 혼합색이 짙은 색상으로의 변화를 암시하기 때문에, 심리적 갈등의 원인을 찾아낸다.

사방색(4장) 카드의 구성

4장 카드는 인간(人間)·인연(因緣) 카드로서, "인연법(因緣法)"에 따른 사고나 생각, 인간 관계, 불가사이 문제, 불상사, 인연 문제 등을 찾아낸다.

◆ 4장 카드 해설 : 인간(人間)·인연(因緣)

색의 종류	카드의 의미
진파랑	영리, 이기심, 생각차이, 전생, 영혼
진빨강	요행, 결단력, 우유부단, 인생, 인간
진노랑	집념, 시기심, 욕구불만, 내생, 귀신
진회색	결여, 자신감, 자격지심, 환생, 인연

【 사례 】 결혼을 못했는 데, 어떤 문제가 있나요?라고 상담한 경우, 만약 "진파랑"을 초이스 했다면, 기존의 결혼관을 바꿀 필요성이 있다는 것을 의미한다.

02 MENTORING

💬 5장 카드의 의미 : 반응(反應) · 행동(行動) 카드 해설

5장 카드는 오방색(오행색) 카드(노랑, 빨강, 흰색, 검정, 파랑)로서 "반응(反應)·행동(行動)"을 의미하며, 심리작용은 선택된 초이스 카드에 따라 서로 상호작용과 반응이 나타난다.

오방색(5장) 카드의 구성

5장 카드는 인간(人間)·인연(因緣) 카드로서 주어진 환경과 여건에 따라, 개인의 심리적 느낌과 감정은 물론 심리적 반응과 행동을 풀 수 있다.

◆ 5장 카드 해설 : 반응(反應)·행동(行動)

색의 종류	카드의 의미
노랑	두려움, 병, 마음, 본성, 사고력
빨강	화냄, 몸, 신체, 심성, 이해력
흰색	기쁨, 돈, 욕심, 이성, 분별력
검정	고민, 일, 끈기, 감성, 수리력
청색	근심, 놀이, 공부, 각성, 암기력

【사례】 "성격상담"을 한 경우, 만약 "빨강색 카드"를 선택했다면, 현재 심성의 기운이 강해, 도발 행동성이 강하고, 욕심과 욕구가 강하게 반응하며, 너무 감성적으로 과도하게 행동할 경우가 많을 것임을 의미한다.

6장 카드의 의미 : 판단(判斷)·결정(決定) 카드

6장 카드는 육원색(삼원색+삼광색 조화) 카드(파랑, 빨강, 노랑, 초록, 검정, 흰색)로서 "판단(判斷)·결정(決定)"이라는 의미를 가지고 있으며, 개별 명제의 분류와 유형 등을 구분해 낼 수 있다.

육원색(6장) 카드의 구성

6장 카드는 판단(判斷)·결정(決定) 카드로서 잠재된 심리상태를 나타내며, "행동성향 & 사고성향"을 풀 수 있다. 아이들의 "심리교정, 성격힐링, 멘토링"에 많은 도움이 된다.

◆ 6장 카드 해설 : 판단(判斷)·결정(決定)

색의 종류	카드의 의미
파랑	단순, 판단력, 단순사고형
빨강	신중, 고민성, 고민사고형
노랑	고집, 주관성, 편협사고형
초록	숙고, 신중성, 비교사고형
검정	모험, 도전성, 모험사고형
흰색	행동, 적극성, 능동사고형

【 예 】 "성격테스트"를 할 경우, 만약 "파랑색 카드"를 선택했다면, 행동성향은 단순판단형 타입이며, 사고성향은 단순사고형 타입임을 의미한다.

색채미술 심리카드로 푼

🗨 7장 카드의 의미 : 감정(感情)·개성(個性) 카드

7장 카드는 무지개색 카드(빨강, 주홍, 노랑, 초록, 파랑, 남색, 보라)로서 "감정(感情)·개성(個性)"을 나타내며, 개인의 특성, 적성, 재주, 행위 등을 풀 수 있다.

무지개색(7장) 카드의 구성

7장 카드는 감정(感情)·개성(個性) 카드로서 개인에게 잠재된 행동 특성과 적성, 그리고 개별 특성에 따른 행동 가능성을 풀 수 있다.

◆ 7장 카드 해설 : 감정(感情)·개성(個性)

색의 종류	카드의 의미
빨강	영리, 영악, 구설, 잔꾀, 관재
주홍	후덥, 손실, 손해, 금전, 손재
노랑	내성, 심통, 고통, 감정, 고통
초록	아집, 주장, 다툼, 억지, 박명
파랑	허풍, 과신, 공갈, 나섬, 가난
남색	유화, 부족, 결여, 양보, 이별
보라	괴팍, 돌발, 돌출, 불만, 파괴

【예】 "심리교정"을 할 경우, "파랑색 카드"를 선택하면, 개인의 허풍과 과신에 의한 행동으로 문제를 야기할 수 있으니, 조심해야 한다.

8장 카드의 의미 : 희망(希望)·욕구(慾求) 카드

8장 카드는 팔방색 카드(연회색, 연빨강, 연주홍, 연노랑, 연초록, 연파랑, 연남색, 연보라)로서 "희망(希望)·욕구(慾求)"를 나타내며, 개인의 욕심, 욕구, 인연, 진로 등의 문제를 풀 수 있다.

팔방색(8장) 카드의 구성

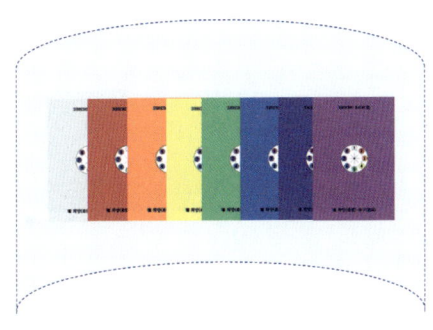

8장 카드는 희망(希望)·욕구(慾求) 카드로서 내면적인 욕구, 욕심, 바람 등은 물론 진로성향, 인연문제 등을 풀 수 있다.

◆ 8장 카드 해설 : 희망(希望)·욕구(慾求)

색의 종류	카드의 의미
연회색	의욕, 욕심, 구설, 갈취, 손궤
연빨강	사욕, 모의, 시비, 혐모, 소유욕
연주홍	자욕, 자만, 폭행, 싸움, 자존심
연노랑	재욕, 부정, 갈취, 손궤, 도둑
연초록	영욕, 무시, 피해, 살인, 침해
연파랑	탐욕, 비하, 자해, 충동, 폭행
연남색	허욕, 협박, 공갈, 엄포, 과대, 망상
연보라	과욕, 거짓, 사기, 허구, 무리

【 예 】 "성격 심리테스트"에서 만약 "연초록 카드"를 선택한 경우라면, 과도한 "영욕, 명예욕"으로 인해 문제, 낙마, 좌절 등이 생길 수 있으니, 조심해야 한다.

9장 카드의 의미 : 사고(思考)·현상(現像) 카드

9장 카드는 구기색 카드(흰색, 빨강, 주홍, 노랑, 초록, 파랑, 남색, 보라, 검정)로서 "사고(思考)·현상(現像)"을 나타내며, 기본카드로서 다양한 생각, 상태, 현황, 여건, 문제 등을 풀 수 있다.

구기색(9장) 카드의 구성

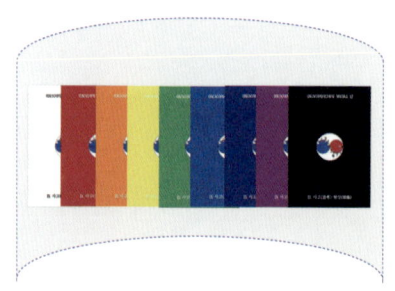

9장 카드는 사고(思考)·현상(現像) 카드로서 가장 복잡하고, 다양하게 사용되는 기본카드이다. 또한 색상에 따라 시시각각으로 변하는 신비한 카드이다.

◆ 9장 카드 해설 : 사고(思考)·현상(現像)

색의 종류	카드의 의미
흰색	불편, 천연, 불화, 사건, 天天, 행운
빨강	다툼, 이성, 감성, 동정, 地地, 업장
주홍	바쁨, 귀인, 오판, 다급, 人人, 액연
노랑	실수, 꼬임, 동요, 모험, 天地, 인연
초록	힘듦, 좌절, 포기, 원성, 地人, 인고
파랑	불만, 불신, 원망, 회피, 人天, 고비
남색	불안, 행운, 믿음, 기대, 天人, 고통
보라	속음, 희망, 꼬임, 부족, 地天, 기회
검정	피해, 변화, 손실, 손해, 人地, 귀인

【 예 】 "9장 구기색"카드는 기본카드로서, 색채심리카드 테스트에서는 명제를 설정한 후, 가장 먼저 선택하여 "현황, 여건, 상태"를 분석한다.

MENTORING

2-6 색채미술 심리카드 응용

"숫자, 색상, 미술, 도형, 심리"등의 5가지 요소를 기본으로 제작된 BNP 색채미술 심리카드는 "숫자심리, 색상심리, 색채심리, 미술심리"를 이용하여, 다양한 분야의 심리테스트에 이용되고, 응용할 수 있으며, 세계 최초의 과학적 이론으로 풀어나가는 신비의 색채카드이다.

BNP 색채미술 심리카드의 응용 분야

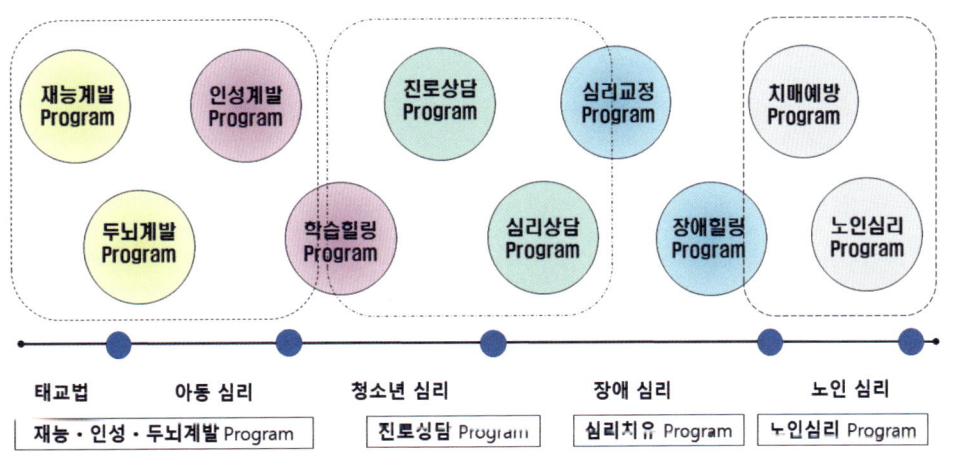

BNP 색채미술 심리카드는 아이들의 성장과 더불어 생활 전 분야에 걸친 궁금증, 고민, 진로, 장애, 소통에 이르기 까지 상담과 멘토링이 가능하다. 또한 심리상담, 심리교정, 심리치유 등을 목적으로 색채카드 상담법을 이용한다면, 많은 도움이 될 것이다.

심리작용과 반응은 아이들이 성장하면서, 환경과 여건에 따라서도 많은 차이를 보이게 된다. 따라서 심리테스트와 심리분석은 아이에게 잘 어울리는 색채미술카드를 이용하는 것이 가장 효과적이다.

색채미술 심리카드의 대표적인 응용분야는 "태아의 두뇌발달, 유아의 두뇌계발, 아동들의 재능계발, 청소년의 학습계발"에 주안점을 두고, 성인들의 경우에 "인생상담, 운세상담, 노인상담"분야에도 유용하다.

색채심리카드의 응용분야

색채심리카드는 수리심리학을 기반으로 "숫자, 색상, 도형, 미술, Drawing Book"등 다양한 심리도구로 응용할 수 있다. 특히 아이들의 두뇌계발과 인성계발을 중심으로 한 심리테스트와 심리상담에 주로 활용된다.

여기서는 아이들을 대상으로 한 "두뇌발달, 두뇌계발, 재능계발, 학습계발, 진로상담"등에 응용하는 방법을 상세히 살펴보도록 한다.

색채심리카드의 응용분야

일반 과정	태교법	예비 엄마 (두뇌계발)	
	놀이법	엄마와 함께하는 소통법	
	숫자 공부 색상 공부 도형 공부 색칠 공부	가정교육 (공통)	유아교육 (공통)
	미술 심리 엄마 멘토링 엄마 재능분석 심리 분석 (4종)	* 가정교육 가정교육 *	유아교육 * * 유아교육
전문 과정	진로 상담법	엄마 멘토링	*
	심리 상담법	심리상담사 (상담)	
	심리 치유법	심리치유사 (BNP 색채심리)	

위의 표에서처럼, 엄마랑 함께하는 색채미술카드는 다양한 응용분야에 활용되는 데, "엄마랑 태교법, 엄마랑 소통법, 엄마랑 놀이법, 엄마랑 공부하기, 엄마랑 재능계발, 엄마랑 멘토링, 엄마랑 진로상담"등에 이용된다.

그 외에 색채미술카드는 "어린이집, 유아원, 유치원, 초등교의 선생님"들과의 미술공부(Drawing Book)와 연계된 심리테스트를 통해, "심리교정, 인성교육, 성격힐링"등에도 많은 도움이 될 것이다.

색채심리카드의 상담절차

색채카드를 심리도구로 이용한 심리상담은 "색채카드의 종류, 카드 유형의 선택, 카드의 초이스" 순으로 선택된 카드의 색상의 의미를 순차적으로 풀어나가는 방법이다.

선택된 색상카드를 해석함으로써, 개인의 심리적 상태나 갈등, 고민, 궁금증 등의 원인과 이유를 찾고, 심리적 장애나 결함을 치유해 나가기 위한 상담법이다.

BNP 색채미술 심리상담 절차

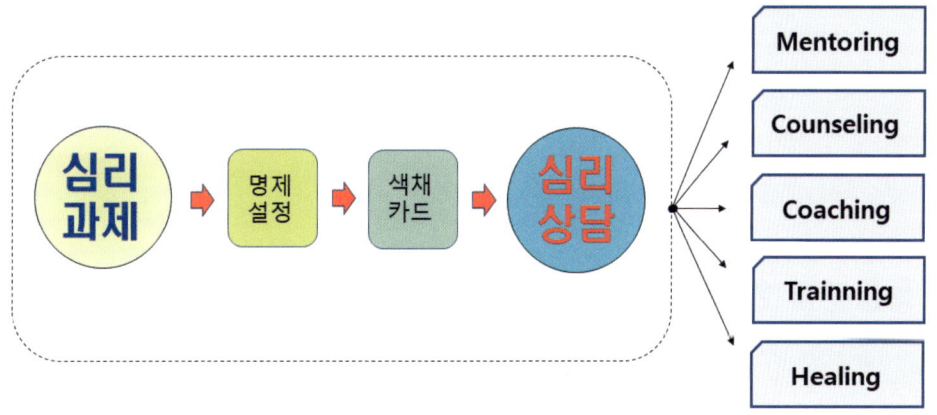

위의 그림에서처럼, 색채미술카드를 이용한 심리상담 절차는 우선 명제를 설정하고, 과제별 색채카드를 초이스 한 다음, 상담을 진행하고, 심리상담, 멘토링, 코칭, 트레이닝, 힐링 순으로 진행한다.

심리는 수시로 변하는 것이기 때문에, 주어진 상담과제에 따라 연속적인 상담을 진행하면서, 잘못된 행동, 실수, 오류 등을 수정하고, 교정해 가면서, 이를 극복해가야 한다.

여기서는 색채미술카드로서 일상생활에서 필요한 심리상담법의 "적용분야와 응용분야"를 살펴보고, 다음 장에서 상세한 심리상담법을 설명하고, 상담사례를 소개하고자 한다.

(응용분야 1) 엄마 태교법

엄마 태교법은 엄마와 태아 사이의 심리 교감과 소통법으로, 엄마가 혼자서 진행하는 태교 프로그램이다. 태아와의 심리적 교감을 통한 "태아의 두뇌계발, 재능계발, 감정 조절"등에 활용되는 아주 유익한 프로그램이다.

엄마랑 태교법 (요약)

프로그램 종류	태아 심리 Test
1. 태아 두뇌계발 프로그램	두뇌 Test / 공부, 학습, 기억, 인지력
2. 태아 재능계발 프로그램	재능 Test / 놀이, 예능, 음악, 미술
3. 태아 감성힐링 프로그램	감성 Test / 엄마의 감성 조절과 안정

※ 엄마랑 태교법은 엄마와 태아간의 소통에 의한 태아의 "두뇌계발, 재능계발, 감성 힐링"을 주목적으로 하는 방법이다.

(응용분야 2) 엄마랑 함께하는 놀이법

엄마 멘토링법에서 아주 중요한 목표는 자녀와의 소통법이다. 엄마와 아이가 함께하는 놀이법은 "놀이, 체험, 운동, 그림 그리기, 노래"등이 있다.

엄마랑 함께하는 놀이법 (요약)

색채미술카드 이용법	함께 하는 놀이법
1. 미술공부 놀이법	카드로 배우는 미술공부
2. 그림 그리기 놀이법	카드로 색상 선택, Drawing Book 공부
3. 함께하는 카드 놀이법	엄마랑 함께하는 놀이 (학습)

※ 엄마랑 함께하는 놀이법은 카드놀이와 색채 학습공부, 그리고 소통과 심리 Test를 겸한 놀이법으로 아이의 두뇌계발을 촉진시킨다.

(응용분야 3) 엄마 멘토링법

엄마 멘토링법은 아이들의 내면 세계, 두뇌 세계, 심리 세계를 파악하고, 아이들의 내면적인 감정, 성격, 특성, 욕구 등을 미리 분석하고, 아이들의 올바른 감정표출과 재능을 지도하는 방법이다.

엄마랑 멘토링법 (요약)

두뇌·학습계발 프로그램	세 부 내 용
1. 숫자공부 프로그램	숫자를 익히는 두뇌계발 프로그램
2. 색상공부 프로그램	색, 색상, 색칠, 미술공부의 기초과정
3. 도형공부 프로그램	도형공부를 통한 수리력, 산술력, 이해력

※ 엄마랑 멘토링법은 아이들의 두뇌계발을 목적으로 학습력, 기억력, 수리력, 산술력, 응용력, 분별력 등을 향상시키는 두뇌계발 프로그램이다.

(응용분야 4) 엄마랑 재능분석 Test 에 응용

엄마랑 재능분석 Test란 아이들이 지니고 있는 개별적인 지능을 분석하여, 재능계발과 학습능력을 향상시키는 것이 주목적이다. 아이들의 재능분석은 타고난 잠재적인 재능을 발굴하기 위한 재능계발 프로그램이다.

엄마랑 재능분석 Test법 (요약)

재능분석 Test	세 부 내 용
1. 성격분석 프로그램	행동성격과 성격유형을 분석해 나감
2. 감성분석 프로그램	오성의 변화를 통한 감성조절 프로그램
3. 재능분석 프로그램	잠재적 재능발굴과 재능계발이 주목적

※ 엄마랑 재능계발 프로그램은 아이들의 두뇌계발을 목적으로 학습력, 기억력, 수리력, 산술력, 응용력, 분별력 등을 향상시키는 재능계발 프로그램이다.

(응용분야 5) 엄마랑 심리분석 테스트

엄마랑 심리분석 테스트는 아이들의 인성계발과, 학습능력 향상을 위해 사용된다. 따라서 아이들에 대한 대인심리, 욕구심리, 학습심리, 희망심리 테스트를 통해 심리적 갈등을 해소해 나가는 데, 도움이 될 것이다.

엄마랑 심리분석 Test법 (요약)

심리분석 Test	세 부 내 용
1. 대인심리 Test	아이들의 사람에 대한 대인심리 분석
2. 욕구심리 Test	아이들의 하고자 하는 욕구를 찾아냄
3. 학습심리 Test	현재 아이들의 하고자 하는 학습능력
4. 희망심리 Test	아이들의 내면적 바램과 희망 분석

※ 엄마랑 심리분석은 아이들의 압박감, 갈등, 스트레스, 욕구불만 등 원인을 미리 찾아내어, 심리적 갈등, 문제, 결함, 장애를 극복시켜 나가게 된다.

(응용분야 6) 엄마랑 성격힐링 테스트

엄마랑 성격분석 테스트는 아이들의 거친 행동, 잘못된 판단, 갈등, 고집, 왕따, 대인관계 장애 등을 수정하고, 교정해 나가기 위한 성격힐링 프로그램의 기본과정이다.

엄마랑 성격힐링 Test법 (요약)

성격힐링 Test	세 부 내 용
1. 성격성향 Test	습관과 관습적인 성격성향 교정
2. 행동성향 Test	돌발적인 행동과 우발적인 행동 수정
3. 사고성향 Test	생각, 욕구, 희망, 바램 등의 교정
4. 두뇌성향 Test	잠재적 두뇌성향 계발과 훈련

※ 엄마랑 성격분석은 아이들의 습관, 관습, 행동, 언행, 대인관계, 심리적 갈등, 심리적 장애, 심리적 결함 등을 수정하고, 교정해 나가는 방법이다.

PART 03

엄마랑 두뇌발달 태교법

3-1. 엄마랑 · 태아랑 태교법

3-2. 두뇌계발 태교법 (실전 사례)

3-3. 재능계발 태교법 (실전 사례)

3-4. 감성힐링 태교법 (실전 사례)

3-1. 엄마랑 · 태아랑 태교법
3-2. 두뇌계발 태교법 (실전 사례)
3-3. 재능계발 태교법 (실전 사례)
3-4. 감성힐링 태교법 (실전 사례)

MENTORING 03 엄마랑 두뇌발달 태교법

3-1 엄마랑·태아랑 태교법

엄마랑 태교법은 "산모의 태아교육 프로그램"으로, 태아의 두뇌발달 태교 프로그램이다. 태아는 항상 엄마랑 심리작용의 교감으로 소통하기 때문에, 엄마의 마음과 심리는 태아의 마음과 함께 교감하는 것이다.

엄마랑 태교법의 목적은 "좋은 생각이나 좋은 마음"으로 행하는 수동적인 행동과 단순한 활동으로는 "태아의 두뇌발달"을 돕지 못하기 때문에, 능동적인 사고와 적극적인 재능활동으로 좋은 효과를 나타내는 것이다.

태교의 목적과 역할

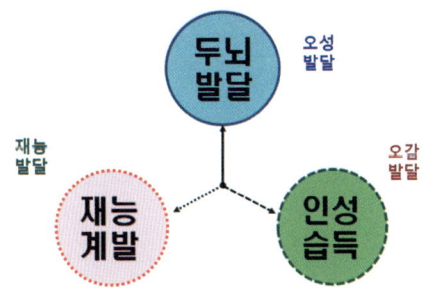

태교의 목적과 역할은 산모가 태아의 "두뇌발달, 재능계발, 인성습득"이다. 태아의 두뇌발달을 위한 태교는 오성(본성, 심성, 이성, 감성, 각성)의 균형적인 발달과 성장을 도모하기 위한 것이다.

또한 태아의 재능계발은 부모, 특히 산모의 재능을 태아에게 이어주는 역할을 할 수 있기 때문에, 부모의 특별한 재능을 태교 프로그램에 이용하는 것이다.

그리고 인성의 습득은 태아의 사회적 적응력을 높이고, 오감의 능력을 키워줌으로써, 태아의 올바른 성장과 좋은 인성과 성격을 형성하는 데, 많은 도움이 될 것이다.

색채미술 심리카드로 푼

💬 엄마랑 태교법의 개요

엄마랑 태교법은 기존의 태교법과는 달리, 태아의 두뇌발달, 재능계발, 인성 습득 3가지 목적을 가지고, 엄마와 태아와의 소통과 교감에 의해 부모가 바라는 태아의 성장과 발달을 돕는 것이다.

태아의 경우는 스스로 경험하고, 습득할 수 없기 때문에, 엄마와의 정신적, 심리적 교감과 소통으로 인지하고, 습득해 나갈 수 있다. 그렇기 때문에 엄마의 태교법은 태아의 성장과 발달에 많은 도움을 준다.

(1) 태아의 두뇌발달

태아의 두뇌발달은 아이들의 두뇌계발과는 다르기 때문에, 많은 학습량과 경험이 필요하지 않다. 그러므로 태아는 엄마의 두뇌활용과 두뇌활동에 대한 능력만을 갖추게 된다.

태아의 두뇌발달은 엄마의 두뇌활동에 의해 결정되기 때문에, 엄마의 두뇌활동을 높여주는 것은 태아의 두뇌발달에 많은 영향을 주게 된다. 일반적으로 임신 중에 독서나 공부 등을 중요시 한 산모의 태교는 태어난 아이의 학습 두뇌발달에도 영향을 미치게 된다.

그렇다고 매일 공부만 하게 된다면, 태아는 오성의 상호작용에 따라 다른 오성의 기능에 부작용을 초래할 수 있기 때문에, 오성의 고른 발달을 도모하기 위해서는 산모의 노력도 함께 필요하다.

(2) 태아의 재능계발

태아의 재능계발은 산모의 재능과 직결되어 있다. 왜냐하면 태아는 스스로 재능을 습득하거나 재능을 계발할 수 없기 때문이다.

예로서 산모가 노래를 잘 부르지 못한다고 가정하면, 아이가 태어나 노래를 잘하는 아이를 얻기 위해 태교로 못하는 노래를 억지로 부를 경우에는 재능계발이라고 할 수 없다.

재능계발은 산모(엄마)가 아주 잘하는 분야의 재능을 태아에게 이어주기 위한 것이므로, 노래를 잘하는 실력 있는 산모는 아이의 재능계발을 위해 수시로 노래를 부르면서, 태교를 진행한다면 많은 도움을 주게 될 것이다.

재능이나 특성도 타고난 내면적인 특성을 가지고 있기 때문에, 유전적 특성을 제외한 태아의 재능교육에 많은 도움을 줄 것이다. 그래서 부모의 직업이나 재능을 자식들이 물려받게 되는 경우가 많다고 할 수 있다.

(3) 태아의 인성습득

사회 적응성을 높일 수 있는 능력과 특성을 인성이라고 하는데, 이러한 좋은 인성을 습득할 수 있도록 하는 행위를 인성습득이라고 한다.

따라서 사회 적응성이 높은 인성이라고 하면, 마음, 심리, 성격, 행동, 생각 등을 통칭하며, 친구와 동료 등 대인관계를 원활히 할 수 있는 품성과 성격을 의미한다.

태아의 좋은 인성을 습득할 수 있도록 하기 위해서는 임신 기간 중에 산모의 원활한 정신적, 심리적 품성과 성격, 행동 등이 필요하다.

임신 기간 중에 산모의 정신적, 심리적 갈등과 장애로 인하여, 고민과 걱정을 많이 하게 되면, 태아에게 그 영향이 미쳐 좋은 인성을 습득하기가 곤란하기 때문에, 예부터 산모에게는 만사에 행복감을 안겨주는 것이 좋다고 하였다.

엄마랑 태교법의 중요성

그동안 태교의 중요성은 잘 알려진 사실이지만, 엄마에게 가장 중요한 태교법은 태아의 두뇌발달 프로그램일 것이다. 태아의 생각과 심리는 엄마와 항상 소통하고, 교감하기 때문에, 엄마의 모든 생각과 행동을 태아가 함께하게 된다.

오성(五性)과 오감(五感)에 영향을 주는 5가지 요인들로서는 "특성(SQ), 행동(PQ), 생각(MQ), 느낌(EQ), 두뇌(IQ)"등이 있다.

이들 5가지 요소 중에서는 태아의 오감(눈, 귀, 코, 입, 손발)과 태아의 오성(본성, 심성, 이성, 감성, 각성)이 있으며, 이들의 상호작용으로 태아마다 다른 특성을 지니게 되며, 태아의 두뇌발달에도 많은 차이를 보이게 된다.

태아의 두뇌발달과 태교법

태어난 아이의 경우, 오성(五性) 중에서 하나의 강한 기운을 가진 특성을 지니고 있기 때문에, 성장해가면서 부모, 환경 및 여건에 따라 오성의 상호작용이 달라진다.

03 MENTORING

색채미술 심리카드로 푼

(1) 태아의 본성 (SQ)

태아의 본성은 근본적인 특성으로 주로 성격성향과 사고성향을 말한다. 성격과 생각은 아이들의 행동과 특성에 많은 영향을 주게 되는 데, 이를 영성지수(SQ, Spiritual Quotient)로 나타낸다.

예로서 본성의 기운이 강하게 태어난 아이는 과격한 행동이나 돌출성 생각 등이 나타날 가능성이 높으며, 일반적인 성격성향으로는 "다혈질적인 성격"을 소유하고 있을 가능성이 높다.

(2) 태아의 심성 (PQ)

태아의 심성은 성격과 더불어 행동성향을 말한다. 만약 심성이 너무 강한 경우에는 생각보다는 행동과 행위가 앞서기 때문에, 사고나 사건, 다툼, 싸움 등의 행위들이 발생할 가능성이 높으며, 이를 신체지수(PQ, Physical Quotient)로 나타낸다.

예로서 심성의 기운이 강하게 태어난 아이는 신체적 기운이 강하고, 심리적 작용과 반응이 강하여, "돌출 행동이나 돌발 행위"를 일으킬 가능성이 있으며, 운동 등의 신체적 장점을 가지고 있다.

(3) 태아의 이성 (MQ)

태아의 이성은 내면적 특성이 강한 합리성과 판단력을 높여 주기 때문에, 다소 "냉정하거나 소극적 행동"으로 인하여, 개인적인 성향을 표출할 가능성이 높으며, 이를 도덕지수(MQ, Moral Quotient)로 나타낸다.

예로서 이성의 기운이 강하게 태어난 아이는 생각이 많고, 개인성이 높으며, 현실에서는 아주 "개인적인 행동이나 영악한 행위"를 할 가능성이 높기 때문에, 상대로 하여금 원만한 교우관계를 하지 못할 가능성도 있다.

(4) 태아의 감성 (EQ)

태아의 감성은 감성적 특성이 강하며, 다소 감정적이거나 감수성이 예민하여, 순간적으로 "충동성 행동이나 오판이나 실수"를 범할 가능성이 높으며, 이를 감성지수(EQ, Emotion Quotient)로 나타낸다.

예로서 감성의 기운이 강하게 태어난 아이는 성격이 까다롭고, 감수성이 예민하여 "감정적 행동이나 감성적 좌절, 자격지심"등의 행동으로 이어질 수 있기 때문에, 냉정한 판단력과 논리적 행동성향을 높여야 한다.

(5) 태아의 각성 (IQ)

태아의 각성은 두뇌적 활동과 사고능력은 뛰어나지만, 다소 부정적인 행동성향과 편향적인 생각으로 인하여, "고집성 사고와 집착성 행동"으로 남들과 잘 어울리지 못하는 대인관계가 부족할 가능성이 높으며, 이를 각성지수(IQ, Intelligence Quotient)로 나타낸다.

예로서 각성의 기운이 강하게 태어난 아이는 자기 주관적 사고와 편협적 행동성향으로 "고집, 아집, 집착"이 강한 행동을 할 수 있기 때문에, 상대방을 배려하는 유화적인 행동성향을 가지도록 해야 한다.

03 MENTORING

💬 엄마와 태아의 소통법

엄마와 태아의 근본적인 차이는 내적인 상황과 외적인 환경의 차이라고 할 수 있다. 태아는 외부 환경과 상황이 어떠한지를 알 수 없고, 스스로 판단하기 곤란하기 때문에, 모든 것을 엄마에게 의존하게 된다.

따라서 엄마의 마음은 곧 태아의 마음이며, 엄마의 생각도 태아의 생각이기 때문에, 엄마의 심리반응은 태아의 심리작용이 된다. 그러므로 엄마는 태아와의 정신적 심리적인 두뇌 활동과 교감이 이루어져 훌륭한 태아로 성장시켜 나갈수 있다.

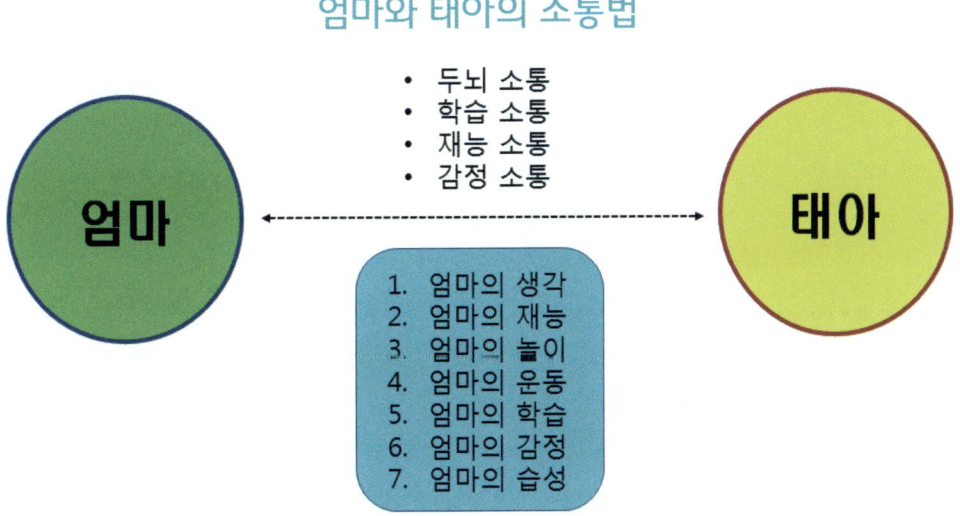

위의 그림에서처럼, 엄마와 태아와의 소통법은 크게 4가지 유형인 "두뇌소통, 학습소통, 재능소통, 감정소통"등이 있다. 태아와의 소통을 위한 요인으로는 엄마의 생각, 재능활동, 놀이, 운동, 공부, 감정, 습관" 등이 있다. 그렇기 때문에 하루에 엄마에게 일어나는 모든 생각과 행동은 결국 태아의 일상생활과 직결되기도 한다.

색채미술 심리카드로 푼

(1) 태아와의 두뇌소통법

태아와의 두뇌소통법은 엄마의 두뇌활동과 직결되어 있기 때문에 엄마의 지적활동과 두뇌활동은 태아의 두뇌발달에 많은 도움을 주게 된다. 태아의 두뇌발달이 중요한 것은 태아는 아직 깨끗하고, 인지하지 않는 단순한 두뇌상태에서 모든 것을 받아들이기 때문이다. 따라서 두뇌활동에 영향을 주는 오성(본성, 심성, 이성, 감성, 각성)의 균형적인 발달에 주목해야 한다.

(2) 태아와의 학습소통법

태아의 학습소통법은 공부와 학습의 두뇌활동을 말한다. 소위 지능을 높이기 위한 학습태교법은 단순하게 지능지수(IQ)만을 높이는 데, 영향을 줄 수 있다. 그러나 지능지수만을 높이는 태교법은 좋은 방법이 아니기 때문에, 다양한 태아와의 소통법 중에서 학습소통법을 강화하여 지능향상에 도움을 주고자 하는 것이다.

(3) 태아와의 재능소통법

태아와의 재능소통법은 학습소통법과는 달리, 엄마(부모)가 특별한 재능을 가지고 있다고 하면, 이를 태아에게 인지시키고, 재능을 갖추도록 하기 위한 방법이다. 따라서 엄마의 재능이 부족한 경우에 억지로 재능활동을 하는 것은 잘못된 것이다.

(4) 태아와의 감정소통법

태아와의 감정소통법은 엄마의 정신적, 심리적 감정상태를 그대로 태아에게 전달하기 때문에, 산모의 경우 정신적으로 안정 상태를 유지하여야 하며 또한, 심리적 작용과 반응이 안정적이어야 한다. 엄마의 감정은 곧 태아의 감정 표현과 일치하기 때문에, 엄마의 감정상태는 항상 편안하고, 부드럽고, 평정심을 유지하는 것이 좋다.

💬 색채카드를 이용한 엄마랑 태교법

엄마의 태교법은 "태아와 소통할 수 있는 도구"가 필요하다. 왜냐하면 아무리 엄마라 할지라도 스스로 태아와 소통할 수 있는 방법이 없기 때문이다.

따라서 태아와의 소통을 위한 도구로서 "BNP 색채미술카드"를 개발한 것이다. 여기서 사용하는 색채미술카드는 엄마의 두뇌심리를 이용하여, 태아의 심리 상태를 찾아내는 심리도구로 활용된다.

태교용 도구

도구 종류	용도
• 음악 • 운동 • 그림 • 독서	• 감성 힐링법 • 신체 힐링법 • 두뇌 힐링법 • 학습 힐링법
• 색채카드	• 태아의 심리 테스트

임신 중 태교가 매우 중요하다고 인식하고 있지만 아직까지 시중에 태아의 두뇌발달, 재능계발, 감성힐링을 위한 도구들은 거의 없다.

그러나 새롭게 탄생한 BNP 색채미술카드는 엄마의 두뇌활동과 태아의 두뇌발달을 도모할 수 있는 획기적인 심리도구이다. 이 색채미술카드는 체계적인 이론과 더불어 수리법칙에 따른 과학적인 풀이법과 상담법으로 엄마라면 누구나 쉽게 배우고, 활용할 수 있으며, 태아와의 심리적 교감과 소통으로 태아의 두뇌발달을 촉진할 수 있다.

【 색채카드의 개요 】

엄마의 두뇌활동에 따라 태아의 감정, 느낌, 행동 등을 두뇌 속의 잠재의식에서 추측할 수 있는 도구로 색채심리카드를 사용한다.

색채미술 심리카드와 Drawing Book을 함께 이용하는 태교법은 엄마가 임신 중의 태아에게 전달하는 심리상태를 분석하여, 태아의 심리적 안정과 두뇌계발 및 재능계발을 돕는 태교 프로그램이다.

BNP 색채미술 심리도구

도구 종류	용도
• 색채심리	• 카드 초이스에 따른 심리 Test
• 미술심리	• 그림색상 심리 Test
• Drawing Book	• Drawing Book 심리선택법

위의 표에서처럼, BNP 수리심리학에서 사용되는 심리도구는 "색채미술카드, Drawing Book, 심리용 크레파스"가 있으며, 이러한 심리도구를 이용하면, 다양한 목적과 장소에 따라서도 심리테스트가 가능하다.

따라서 색채미술카드를 이용한 "태교법"의 주목적은 태아의 두뇌발달이 가장 중요하며, 재능계발, 성격힐링, 학습활동의 계발 능력을 향상시키는 데에도 좋은 효과를 발휘하게 될 것이다.

03 MENTORING

색채미술 심리카드로 푼

【 색채카드 이용법 】

엄마랑 태교법은 태아가 6개월 정도 성장한 후, 본격적인 태교법을 진행하는 것이 바람직하다. 왜냐하면 태아의 두뇌가 형성되고, 두뇌발달이 진행되는 시점부터 태아의 두뇌발달 프로그램이 효과적이기 때문이다.

태교법에 사용되는 심리도구는 "색채미술카드, Drawing Book, 심리용 크레파스"가 있으며, 일상에서 엄마의 "태아 심리테스트"는 색채미술카드만으로도 가능하다.

태교법에 사용되는 색채카드는 "구기색(9장) 카드, 팔방색(8장) 카드, 오방색(5장) 카드"등 3가지 유형이 있다. 3종류의 카드를 이용하여 태아의 심리테스트를 진행하며 그 용도는 다음의 표와 같다.

태교를 위한 색채카드 이용 프로그램

카드 유형	태교 시의 용도
• 구기색(9색) 카드	• 두뇌계발
• 팔방색(8색) 카드	• 새능계발
• 오방색(5색) 카드	• 감성힐링

태교법에서 사용되는 색채카드는 용도에 따라 카드를 다르게 선택해야 한다. 또한 BNP 색채미술상담법에 따라 체계적인 이론과 과학적인 해석법을 적용하였기 때문에, 누구나 쉽게 이용할 수 있다.

태교용 색채카드 선택은 "엄마 태아 멘토링법"에 따라 "스스로 질문하고, 스스로 선택하며, 스스로 행하는 방법"으로 진행된다. 모든 태교법은 엄마의 일상생활에 맞추어서 진행하며, 태어난 아이의 일상생활에 맞게끔 태교를 진행하는 것이 좋다. 왜냐하면, "태아의 습성"은 곧 태어날 "아이의 습성"과 일치할 것이기 때문이다.

03 MENTORING

【 태교법 색채카드 이용법 】

색채카드와 함께하는 태교법은 엄마의 일상생활에 맞추어서 진행하기 때문에, 태어날 아이의 일상생활을 염두에 두고 체계적인 계획을 수립할 필요성이 있다.

예를 들면, 아침에 일어나서 밥을 먹고, 오전에는 독서나 공부를 하고, 오후에는 취미활동이나 여가 시간을 보내고, 저녁에는 가족과 함께하는 일상생활을 염두에 두고, 태교를 진행하는 것이 좋다.

(1) 두뇌발달 태교법 - [9장 구기색 카드]

만약 두뇌발달 태교법을 진행하고자 한다면, 먼저 엄마의 안정된 마음자세를 취하고, 색채카드(9장, 구기색)를 잘 섞어, 그 중 1장을 고른다. 선택된 카드 색은 "태아의 두뇌상태"를 나타내 주는 것이므로, " 학습활동이 왕성한 두뇌활동" 상태에 따라서 태교를 진행하는 것이 좋다.

(2) 재능계발 태교법 - [8장 팔방색 카드]

재능계발 태교법은 색채카드(8장, 팔방색)를 잘 섞어, 그 중 1장을 고르면, 선택된 카드 색에 따라 현재 "태아가 재능발달에 도움이 되는 유형"을 실행한다. 따라서 "태아의 희망이나 바램 혹은 태아의 욕구활동"의 상태를 분석하여 재능활동을 위한 태교를 의미한다.

(3) 감성힐링 태교법 - [5장 오방색 카드]

감성힐링 태교법은 엄마가 여유가 있는 시간을 활용하여, 색채카드(5장, 오방색)를 잘 섞어, 그 중 1장을 고른다. 선택된 카드 색은 "태아의 감정과 감성"을 나타내는 것이므로, 오성의 작용과 반응을 자제하고, 조심해 나가면 된다.

3-2 두뇌발달 태교법 (실전 사례)

색채카드를 이용한 "엄마랑 두뇌발달 태교법"은 임신 후 6개월 이후부터 하는 것이 효과적이다. 왜냐하면 태아의 성장과 더불어 두뇌가 발달되며, 출생 후 아이들은 두뇌계발과 재능계발 단계로 이어지기 때문이다.

두뇌발달 태교법은 태아의 균형적인 오성의 발달로 두뇌발달은 물론 태아의 인성 형성에 밑거름이 된다. 그러므로 한쪽으로 치우친 두뇌발달은 아이의 성장과 활동에 장애요인이 될 수도 있다.

만약 태교 시에 엄마의 단순한 학습활동만으로는 태아의 두뇌발달에 큰 도움이 되지 못한다. 왜냐하면 태아의 두뇌발달은 오성의 균형적인 발달이 필요하기 때문에, 다양한 두뇌발달 프로그램이 필요하다.

[개요] - 두뇌발달 태교 프로그램

두뇌발달 태교법은 태아와의 소통과 교감에 따라 엄마의 심리를 이용하여 태아의 두뇌활동과 학습활동을 찾아 태교를 진행하는 것이다.

두뇌발달 태교법은 학습, 공부, 지식, 책 읽기, 계산하기 등의 분야를 다루며 태아의 두뇌활동을 알기 위하여 "구기색(9장)의 색채카드"를 이용하여 푼다.

[명제 설정] - 태아의 두뇌심리 분석

두뇌발달 태교법에서의 명제설정은 현재 태아의 두뇌활동 상태를 분석하는 것이다. 따라서 태아의 두뇌심리가 학습상태일 경우에만 두뇌발달 태교 프로그램을 진행한다.

명제   지금 공부를 하면, 어떻겠니?

태아의 심리상태를 분석하기 위한 명제설정은 자유롭게 설정하는 것이 좋다. 단지 두뇌의 학습심리 상태를 파악하기 위한 것이기 때문에, 엄마가 태아의 두뇌발달 교육을 진행할 때 설정하면 된다.

【 색채카드 이용 】- 색채카드 사용절차 (9장 구기색)

두뇌발달 태교법은 태아의 두뇌활동 상태를 아는 것이 매우 중요하며, 선택된 색채카드(9장 구기색)의 색상에 따라 부여된 심리상태를 정의한 것이 "BNP 수리심리학 색채심리상담법"이다.

두뇌발달 태교법의 색채카드 이용순서를 살펴보면 다음과 같다.

1. 색채카드를 사용하기 전에, 심리적 안정을 유지한다.
2. 색채카드에서 "구기색(9장) 카드"를 분리해 낸다.
3. 태아에게 물어보듯이, 명제를 설정한다.
4. 선택한 9장의 카드를 고루 섞어, 바닥에 잘 펼친다.
5. 심중에 따라, 1장의 카드를 초이스 한다.
6. 선택된 카드 뒷면의 "색상"을 풀이표와 비교한다.
7. 색상 풀이표에 따라, 엄마는 태아와 교감과 소통을 시작한다.
   (지금부터 ○○을 시작하도록 하자)
8. 현재 태교 중인 일이 지루하면, 중지하도록 한다.

【 구기색 풀이표 】- 두뇌발달 색상풀이법

두뇌발달 태교법에서 사용하는 색상풀이법은 "구기색(9장)"의 순서에 따라 태아의 심리상태를 설명한 것이다. 구기색 색상 풀이법은 다양한 종류의 두뇌발달 교육 프로그램을 포함하고 있다. 이러한 이유는 다양한 두뇌발달은 오성작용에 해당하는 다양한 교육 프로그램으로 진행되어야 하기 때문이다.

03
MENTORING

색채미술 심리카드로 푼

두뇌발달 태교법 색상풀이표

색상	상세 내용
• 흰색	• 그림공부 하도록 하자
• 빨강	• 노래하도록 하자
• 주홍	• 놀도록 하자
• 노랑	• 공부하도록 하자
• 초록	• 재능공부 하도록 하자
• 파랑	• 장난감 가지고 놀자
• 남색	• 친구랑 놀도록 하자
• 보라	• 그림공부 하도록 하자
• 검정	• 공부하도록 하자

위의 표에서처럼, 두뇌발달 태교법은 아주 다양한 교육 프로그램들이 있다. 이것은 태아의 두뇌활동이 활발한 정도를 나타내기 때문에, 색상풀이법에서 정의한 과제를 수행하는 것이 좋다.

[실전사례] - 두뇌발달 태교 프로그램

만약 선택된 색채카드가 "보라색 카드"라면, 태아의 두뇌활동이 그림 그리기, 그림공부, 색상공부 등에 있다는 것을 나타내므로, 태아와의 교감과 소통에 따라 그림공부를 시작하는 것이 좋다.

BNP 색채미술카드는 다양한 심리도구로 이용될 수 있다. 그렇기 때문에 두뇌발달 태교 프로그램에서 그림공부를 하고자 할 때, "색상공부, 그림공부, 도형공부, Drawing Book 공부, 색칠공부, 색상선택, 색상심리" 등이 가능하다.

3-3 재능계발 태교법 (실전 사례)

재능계발 태교법은 태아교육에 중요한 역할을 하게 되는 데, 우선 엄마(부모)의 재능을 이어갈 수 있도록, 태아의 재능을 계발하는 프로그램이다.

재능은 타고난 재능과 연습으로 습득한 재능으로 나눌 수가 있는 데, 태아의 재능계발 태교법은 필요한 재능을 갖추고 태어난 아이들을 교육하고, 연습시켜 훌륭한 인재로 양성해 나가는 것이다.

옛말에 "떡잎이 좋아야, 좋은 열매를 맺는다"라는 말이 있듯이 태아의 재능계발 프로그램으로 재능을 갖춘 아이들을 잘 키워서, 부모의 직업이나 재능을 훌륭하게 이어갈 수 있도록 하기 위함이다.

【 개요 】- 재능계발 태교 프로그램

재능계발 태교법은 "태아의 타고난 재능과 엄마의 훈련된 재능"을 합쳐서, 훌륭한 인재로 양성하기 위한 사전 교육이라고 할 수 있다. 또한 재능계발 태교법은 우선 엄마의 재능을 먼저 파악하여, 엄마가 뛰어난 재능과 재주가 있을 경우에만 "태아의 재능훈련 태교법"을 진행해야 한다.

아무리 엄마의 바램과 희망이 태아의 재능계발이라고 할지라도, 엄마의 재능이 부족한 경우에는 "태아의 재능훈련 태교법"을 진행하는 것이 아니라, 일반적인 "두뇌발달 프로그램"을 실시하도록 한다.

만약 태아에게 바라는 희망이 있다면 색채카드를 이용하여, "팔방색(8장) 카드"로서 테스트를 실시한다.

【 명제 설정 】- 태아의 재능심리 분석

| 명제 | 오늘은 어떤 재능(재주)을 보여줄까? |

03 MENTORING

재능계발 태교법은 태아의 재능이 아니라, 엄마의 재능이라고 할 수 있으며, 부모의 바램과 희망으로 "엄마의 재능을 갖출 수 있도록 하는 태교법"이다.

【 색채카드 이용 】 - 색채카드 사용절차 (8장 팔방색)

재능계발 태교법은 태아가 엄마가 희망하는 재능을 습득할 수 있도록 "태아의 습성심리"를 심어주는 방법이다. 선택된 색채카드(8장 팔방색)의 색상에 따라 부여된 재능계발 심리상태 풀이법에 따라 진행한다.

재능계발 태교법의 색채카드 이용순서를 살펴보면, 다음과 같다.

1. 색채카드를 사용하기 전에, 심리적 안정을 유지한다.

2. 색채카드에서 "팔방색(8장) 카드"를 분리해 낸다.

3. 태아에게 물어보듯이, 명제를 설정한다.

4. 선택한 8장의 카드를 고루 섞어, 바닥에 잘 펼친다.

5. 심중에 따라, 1장의 카드를 뽑아낸다.

6. 선택된 카드의 뒷면의 "색상"을 풀이표와 비교한다.

7. 색상 풀이표에 따라, 엄마는 태아와 교감과 소통을 시작한다.
   (오늘은 ○○ 재능을 보여 주도록 하자)

8. 현재 태교 중인 일이 지루하면, 중지토록 한다.

【 팔방색 풀이표 】 - 재능계발 색상풀이표

재능계발 태교법에는 크게 2가지 유형이 있는 데, 하나는 재능계발 태교법이고 다른 하나는 재능훈련 태교법이다. 재능계발 태교법과 풀이법은 동일하지만, 태교 프로그램은 달라야 한다.

03
MENTORING

재능계발 태교법 색상풀이표

색상	상세 내용
• 연회색	• 외국어 : 통역, 여행
• 연빨강	• 컴퓨터 : 게임, 오락
• 연홍색	• 운동선수 : 운동, 디자인
• 연노랑	• 과학기술 : 손재주, 미술
• 연두색	• 방송 : 아나운서, 예능
• 연하늘	• 리더 : 웅변, 음악
• 연남색	• 경영 : 무용, 춤
• 연보라	• 사회복지 : 봉사, 요리

위의 표에서처럼, 재능계발 태교법은 태아의 재능활동이 활발한 때를 선택하면 좋고, 이 재능이 활발한 시기를 찾아내는 방법은 다소의 이론이 필요하기 때문에, BNP 색채심리상담사가 진행하는 "멘토링 과정"을 이수하면 많은 도움이 될 것이다.

【 실전사례 】 - 재능계발 태교 프로그램 사례

만약 선택된 색채카드가 "연홍색 카드"라면, 태아의 재능활동은 신체적 활동이 왕성하다는 것을 의미하기 때문에, 외출, 산책, 걷기, 체조 등의 신체적 운동을 하도록 요구한 것이다.

산모는 특성상 과격한 운동이나 힘든 일은 금물이기 때문에, 가벼운 산책, 맨손 체조, 산모 운동 등으로 대신하면 좋고, 만약 엄마가 운동선수이고 태아를 운동선수로 키우고 싶다면 지속적인 운동요법으로 "태아의 재능훈련 태교법"을 진행하는 것이 좋다.

03 MENTORING

3-4 감성힐링 태교법 (실전 사례)

감성힐링 태교법은 아주 중요한 태교프로그램 중의 하나이다. 이 감성힐링 태교법은 태어날 아이의 인성과도 깊은 관련성이 있기 때문에, 태아의 인성 형성에 매우 중요하다.

인성은 태아의 오성(본성, 심성, 이성, 감성, 각성)의 상호작용으로 복잡하게 작용하고, 반응하기 때문에, 특별한 태교법이란 있을 수 없다. 그러나 인성에 가장 많은 영향을 주는 요인은 오성이므로 오성의 작용과 반응이 부드럽고, 유화적 성향을 갖추는 것이 무엇보다 중요하다.

감성힐링 태교법의 중요성은 교우관계, 대인관계, 가족관계처럼 주변 사람 및 집단이나 조직에서의 적응력 등 태아의 사회성과 직결되어 있다는 것이다.

【 개요 】- 감성힐링 태교 프로그램

태아의 감정과 느낌은 엄마와의 교감과 소통에 의해, 엄마의 감정과 동일하며 엄마의 감성반응에 따라 태아의 감성작용이 변하게 된다.

엄마(산모)는 항상 태아와 심리적 교감과 소통하기 때문에, 엄마의 과도한 심리작용과 반응은 태교에 좋지 못하며, 과도한 행동이나 과격한 언행의 감정상태를 줄여야 한다.

감성힐링 태교법은 태아의 오성작용과 반응에 따라 많은 영향을 미치기 때문에, 5장의 "오방색 카드"로 감성힐링 테스트를 진행해야 한다.

【 명제 설정 】- 태아의 감성심리 분석

명제   오늘은 기분이 좋은가? 나쁜가?

【 색채카드 이용 】- 색채카드 사용절차 (5장 오방색)

감성힐링 태교법은 태아의 감성과 감정을 조절하기 위한 교육 프로그램이며, 태아의 감정은 엄마의 감정에 따라 결정되기 때문에, 엄마는 감정을 잘 조절해야 한다. 따라서 색채카드(8장 팔방색)의 색상에 따라 부여된 감정에 따른 감성힐링 심리상태 풀이법에 따라 진행하면 된다.

감성힐링 태교법의 색채카드 이용순서를 살펴보면, 다음과 같다.

1. 색채카드를 사용하기 전에, 심리적 안정을 유지한다.
2. 색채카드에서 "오방색(5장) 카드"를 분리해 낸다.
3. 태아에게 물어보듯이, 명제를 설정한다.
4. 선택한 5장의 카드를 고루 섞어, 바닥에 잘 펼친다.
5. 심중에 따라, 그 중 1장의 카드를 선택한다.
6. 선택된 카드 뒷면의 "색상"을 풀이표와 비교한다.
7. 색상 풀이표에 따라, 엄마는 태아와 교감과 소통을 시작한다.
   (오늘 기분이 좋지 않더라도, ○○ 자제하고, 참아야 한다)
8. 감성힐링 태교 시에는 편안한 마음과 안정적인 심리상태를 유지해야 한다.

【 오방색 풀이표 】- 감성힐링 색상풀이표

감성힐링 태교법은 교육 프로그램이 아니라, 오성의 작용과 반응에 의한 감정적인 상태를 나타내는 것이기 때문에, 현재 표출되는 감정을 안정화 시키고, 강하게 나타나는 행동 성향을 자제하면서, 태아의 감정과 심리가 안정을 유지할 수 있도록 해야 한다.

03
MENTORING

감성힐링 태교법 색상풀이표

색상	상세 내용
• 노랑	• 무섭다 : 본성이 강하니, 자제하라
• 빨강	• 화난다 : 과격한 행동을 자제하라
• 흰색	• 기쁘다 : 이성적으로 냉정하라
• 검정	• 밉다 : 감정적으로 대응하지마라
• 파랑	• 짜증난다 : 편안하게 쉬도록 하라

위의 표에서처럼, 감성힐링 태교법은 태아의 감정 조절과 오성의 균형적인 작용과 반응을 유지하는 방법이다. 엄마의 기분이나 감정이 나쁜 상태로 태아에게 전달되는 것을 방지하기 위한 것이다. 따라서 산모의 심리상태가 불안정할 경우에는 태아의 감정도 불안해진다.

【 실전사례 】- 감성힐링 태교 프로그램 사례

만약 색채카드를 "검정색 카드"를 선택하였다면, 엄마가 누군가를 대상으로 미운 마음과 감정을 가지게 되는 경우이다. 따라서 이러한 미운 감정은 태아의 인성 형성에 많은 장애가 될 수 있다.

이러한 감정 조절이 어렵고, 심리적 압박감을 받을 때에는 누군가의 도움으로 산모가 안정적인 심리상태를 유지할 수 있도록 돕는 것이 가장 좋은 방법이다. 하지만 산모에게 도움을 줄 사람이 없다면, 가장 좋은 방법은 "색채미술카드"를 이용한 감성힐링 방법이 많은 도움이 될 것이다.

PART 04

엄마랑 두뇌계발 공부법

4-1. 아이랑 함께하는 학습법

4-2. 색상공부

4-3. 숫자공부

4-4. 도형공부

4-5. 색칠공부

4-6. 미술공부

4-1. 아이랑 함께하는 학습법
4-2. 색상공부
4-3. 숫자공부
4-4. 도형공부
4-5. 색칠공부
4-6. 미술공부

MENTORING 04 엄마랑 두뇌계발 공부법

4-1 아이랑 함께하는 공부법

색채카드를 이용한 아이들의 두뇌계발 교육 프로그램은 "눈, 귀, 코, 입, 손발" 등 5개의 감각기관에 의한 경험, 학습, 느낌을 이용하여 오감의 작용과 반응에 의해 "두뇌활동과 두뇌기능"을 통해 학습되고, 습성으로 기억된 의식 및 잠재의식으로 자리 잡게 되는 두뇌기능을 활성화 시키는 것이다.

아이랑 두뇌개발 학습법

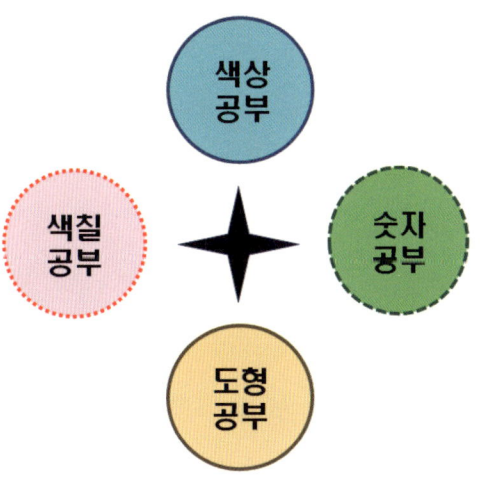

아이들의 두뇌계발에 가장 많은 도움이 되는 학습분야는 눈으로 인지된 사물과 색상이며, 의식으로 자리잡을 수 있도록 하는 두뇌기능을 높이는 것이다.

따라서 색이나 색상과 관련된 눈의 경험과 인지력으로 두뇌는 계발되고, 발달된다. 그러므로 BNP 색채미술카드는 아이들의 두뇌계발을 촉진하고, 두뇌기능을 높이는 최선의 방법이다. 지금까지 대부분의 아이들은 유아원이나 유치원에서 주로 미술, 음악, 그리고 운동 분야를 중심으로 유아교육과 유치원교육을 받아오고 있다.

04
MENTORING

색채미술 심리카드로 푼

4-2 색상 공부

아이들의 두뇌계발을 위해 가장 선호하는 학습방법으로는 미술공부이다. 아이들의 미술공부와 색상공부는 눈으로 얻은 경험과 기억들을 두뇌의 기능을 통해, 올바르게 정립된 의식이 될 수 있도록 하는 학습 프로그램이다.

아이들의 두뇌기능은 사물에 대한 인식이나 판단력이 부족하기 때문에, 단순한 경험과 느낌에 따라 인지하고, 경험하고, 느끼게 된다. 그러므로 아이들에게 가장 기본적인 과정은 미술공부 이전에 색상공부로부터 시작해야 한다.

그래서 아이들은 두뇌활동으로 색상을 분별하고, 사물을 비교분석하여 특성을 인식하고, 사물을 구별할 수 있는 판단력을 가질 수 있다.

【 개요 】 아이들의 색상공부

아이들의 색상공부의 가장 중요한 목적은 사물을 인지하고, 구별하는 능력을 키우는 두뇌계발 활동이다. 아이들의 두뇌계발은 오감에 의한 경험과 분별 능력을 갖추기 때문에, 눈(시야)으로 인지하는 사물과 물체들을 구별하는 색상공부는 매우 중요하다.

따라서 색상공부는 색의 근본을 배워야하기 때문에, 색의 탄생과 변화, 그리고 조화에 이르기까지 모든 것을 올바르게 배우고, 인지할 수 있어야 한다.

【 색상의 유형 】 색채카드를 이용한 색상공부법

아이들의 색상공부는 계속해서 반복되는 경험과 인지력, 분별력에 의해 두뇌활동이 활성화 되고, 이렇게 인지된 경험과 기억들이 두뇌 속의 의식(잠재의식)으로 기억되고, 이러한 의식에 의해 아이들의 분별력과 판단력으로 심리작용을 통해, 심리반응으로 행동하게 된다.

04
MENTORING

색채미술 심리카드로 푼

아이들의 색상공부는 가르치는 것이 아니라 스스로 경험하게 하는 것이 바람직하기 때문에, 색채카드의 색상공부는 탁월한 효과를 보게 될 것이다.

아이들의 색상공부는 사물을 인지하는 척도가 되기 때문에, 오감의 작용에 따라 보고, 듣고, 만지고, 느낌으로써 의식으로 기억하게 된다. 따라서 색채미술카드는 아이들에게 적절한 색상공부용 도구가 될 수 있다.

【 색채카드의 구조 】 색상의 구성과 해열

BNP 색채카드는 숫자심리의 수리법칙에 따라 "3~9"까지의 총 7종의 색채카드가 있으며, 각 유형의 색채카드는 "3=삼원색, 4=사방색, 5=오방색, 6=육원색, 7=무지개색, 8=팔방색, 9=구기색"으로 구성되어 있다.

색상공부를 위한 색채카드 구성

색채카드의 색상은 철저한 자연의 법칙 및 과학적 근거에 따라, 자연색의 이론과 논리로 정해졌으며, 각 숫자는 색상의 갯수를 나타낸 것이다.

04
MENTORING

색채미술 심리카드로 푼

【색앙공부 사례】 아이들의 색앙 공부하기

아이들에게 가장 먼저 가르칠 색상공부는 "빛의 삼광색과 색의 삼원색"이지만, 빛의 삼원색은 아이들에게는 다소 인지시키기 곤란하기 때문에, 색의 삼원색부터 공부하도록 한다.

삼원색(3장) 카드 색상공부

【문 1】 삼원색은 어떤 색일까?

【문 2】 왼쪽 카드는 무슨 색일까?

【문 3】 오른 쪽 카드는 무슨 색일까?

【문 4】 가운데 카드는 무슨 색일까?

【문 5】 삼원색을 혼합하면, 무슨 색이 될까?

04
MENTORING

색채미술 심리카드로 푼

4-3 숫자 공부

아이들의 경우, 가장 중요한 공부의 하나는 숫자공부로서 우선 경험하고, 인식하기 쉬운 공부이다. 특히 아이들은 개인의 욕심과 욕구 심리에 따라 소유욕이 강하게 작용하기 때문에, 숫자에 아주 민감한 심리작용과 반응을 나타낼 가능성이 높다.

아이들의 숫자공부는 경험과 인지 능력에 따라 많은 차이가 있지만, 지속적인 경험과 교육, 느낌의 반복에 따른 경험으로부터 공부를 시작하게 된다. 숫자공부를 하는 방법은 여러가지 도구들이 있지만, 색채카드의 숫자공부는 스스로 인지하고, 분별하면서 익히는 좋은 효과를 기대할 수 있는 방법이다.

【 개요 】 아이들의 숫자공부

아이들의 숫자공부는 아주 어린 유아기 때부터 시작하기 때문에, 단순한 주입식 교육으로는 두뇌계발에 좋은 효과를 나타낼 수 없다. 간단한 숫자일지라도, 스스로 터득하고, 계산하고, 인지하는 두뇌활동에 의한 숫자공부가 좋다.

아이들의 숫자공부는 손으로 만지는 것, 눈으로 보는 것, 귀로 듣는 것 등 다양한 숫자공부가 있지만, 단계별 숫자공부에는 다양한 심리도구가 필요할 것이다.

어릴 때의 숫자공부는 직접 만지고, 느끼는 것이지만, 아동기에는 눈으로 보고, 분별하는 것으로 변해가기 때문에, 이 시기에 숫자공부는 두뇌계발에 가장 많은 영향을 주는 프로그램이다.

【 숫자카드의 유형 】 숫자카드의 의미

색채카드로 나타낸 숫자공부는 각각의 색채카드 유형에 따라 3~9까지의 숫자가 기록되어 있어, 눈으로 보고, 손으로 만지는 숫자공부가 가능하다.

【 숫자카드의 구조 】 카드별 숫자카드의 구성

색채카드는 숫자심리의 수리법칙에 따라 "1~9"까지 숫자를 이용하여, "1과 2"를 제외한 총 7종의 색채카드로 구성되어 있다. 색체카드의 유형 "1~3=삼원색, 1~4=사방색, 1~5=오방색, 1~6=육원색, 1~7=무지개색, 1~8=팔방색, 1~9=구기색"까지의 숫자가 사용된다.

숫자공부를 위한 색채카드 구성

아이들에게 가장 먼저 가르칠 색상공부는 "빛의 삼광색과 색의 삼원색"이지만, 빛의 삼원색은 아이들에게는 다소 인지시키기 곤란하기 때문에, 색의 삼원색부터 공부하도록 한다.

04
MENTORING

색채미술 심리카드로 푼

【 숫자공부 사례 】 아이들의 숫자 공부하기

아이들의 두뇌계발 프로그램은 "색상공부와 숫자공부"를 가장 먼저 진행한다. 왜냐하면 아이들은 아직까지 두뇌개발이 성숙하지 못한 상태에서 경험과 느낌은 곧바로 의식으로 인식하기 때문에, 가장 근본적인 숫자공부를 진행하는 것이 좋다.

그림과 함께하는 숫자공부

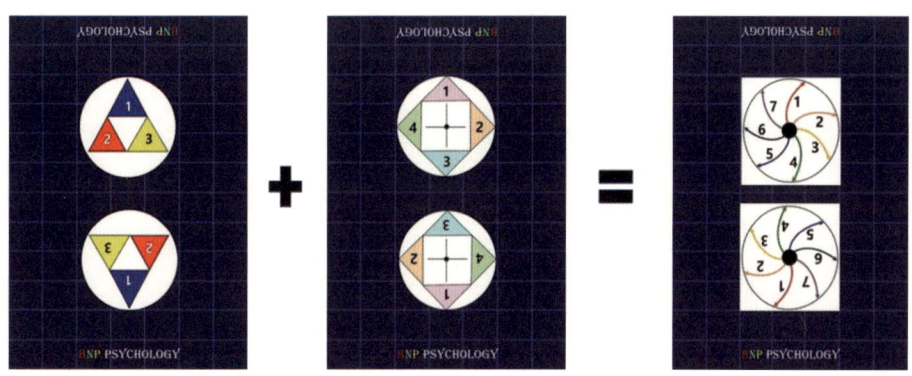

【 문 1 】 왼쪽 카드의 숫자가 얼마일까?

【 문 2 】 가운데 카드의 숫자는 얼마인가?

【 문 3 】 오른 쪽 카드의 숫자는 얼마인가?

【 문 4 】 왼쪽 카드의 숫자와 오른쪽 카드의 숫자의 합은 얼마일까?

【 문 5 】 모든 카드의 숫자를 더한 "숫자의 합"은 얼마인가?

색채미술 심리카드로 푼

4-4 도형 공부

　도형공부는 아이들의 두뇌계발에 좋은 영향을 주는 공부이지만, 청소년기의 학습능률 향상 프로그램에도 좋은 효과를 나타낼 것이다. 색상공부와 숫자공부는 가장 기초적인 두뇌계발 프로그램이지만, 도형공부는 아동의 성장과 더불어, 마블, 장난감, 여러 놀이기구 등의 형태와 모양의 인식은 물론 수학공부에도 많은 영향을 줄 것이다.

　도형공부는 일반적인 단순한 두뇌계발이 아니라, 두뇌창조 프로그램이라고 할 수 있으며, 아이들의 사고와 생각, 변화와 조화 등의 분야에서 두뇌활동이 활성화되는 좋은 프로그램이다.

【 목적 】 아이들의 도형공부

　아이들의 도형공부는 유아기 때 보다는 더 성장한 아동기에 적합한 교육 프로그램이며, 도형, 형태, 무늬 등의 조화로 상상력과 창조력을 키울 수 있다.

　색상공부나 숫자공부는 단순한 두뇌활동을 통한 경험과 기억의 두뇌활동이라면, 도형공부는 아이들의 두뇌사고를 활성화하는 단계로 볼 수 있다.

　그렇기 때문에, 다양한 도형공부는 두뇌발달 과정, 두뇌계발 과정을 지나 두뇌창조 과정이라고 할 수 있는 데, 이들 과정에서 두뇌활동이 활발한 경우에는 학습두뇌의 발달을 촉진시킬 수 있다.

【 도형카드의 유형 】 도형카드의 의미

　BNP 색채카드는 카드의 종류에 따라 도형이 다르며, 이 도형 그림은 아이들의 두뇌창조 프로그램을 위한 좋은 심리도구가 된다. 도형공부는 단순한 그림을 형상화 한 것이 아니라, "숫자심리와 도형원리"가 적용되어 있다.

04 MENTORING

【 도형카드의 구조 】 카드별 도형카드의 구성

색채카드 유형에 따라 도형은 "3=삼각형, 4=사각형, 5=오각형, 6은 육각형, 7=칠색 회전형, 8=사방팔방형, 9=주기형"으로 총 7개의 도형그림으로 구성되어 있기 때문에, 숫자의 의미와 도형구조의 형상의 조화와 변화를 감지할 것이다.

도형공부를 위한 색채카드 구성

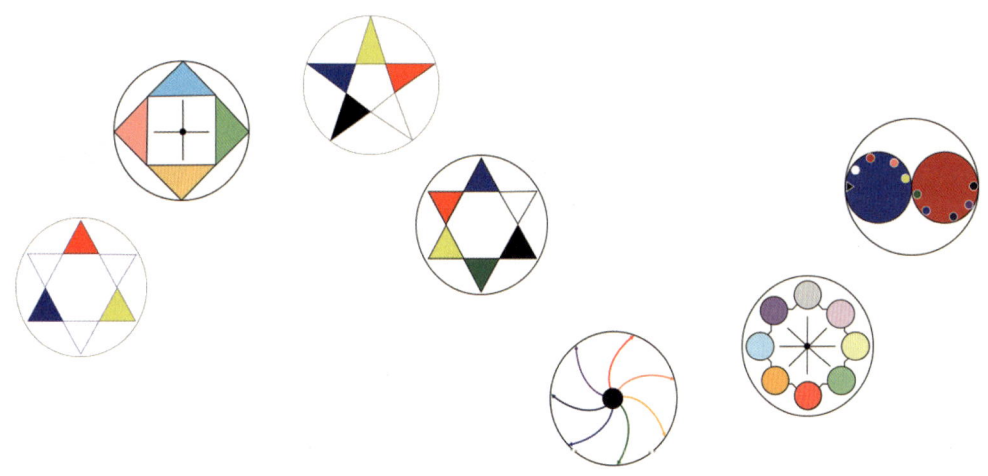

도형공부는 유아기를 벗어나고, 스스로 판단력과 분별을 갖춘 아동기 시절에 좋은 효과를 보일 것이다. 도형공부는 후일에 산수공부나 수학공부를 하기 위한 두뇌계발 프로그램으로, 두뇌활동을 촉진하고, 두뇌창조력을 높일 수 있다.

04 MENTORING

색채미술 심리카드로 푼

【 도형공부 사례 】 아이들의 도형 공부하기

도형공부는 두뇌계발 프로그램이라기 보다는 두뇌창조 프로그램이라고 해야 할 것이다. 도형공부는 아이들의 상상력과 분별력을 갖추기 위한 것이므로, 유아기 보다는 보다 성장한 아동기 시절에 도형공부를 진행하는 것이 좋다.

숫자와 함께하는 도형공부

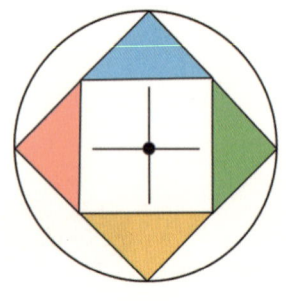 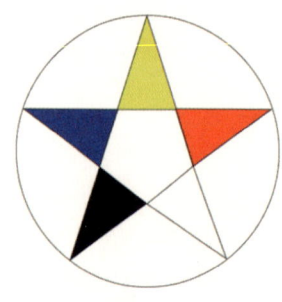 

【 문 1 】 왼쪽 카드의 그림은 어떤 도형일까?

【 문 2 】 가운데 카드의 그림은 어떤 도형일까?

【 문 3 】 오른 쪽 카드의 그림은 어떤 도형일까?

【 문 4 】 카드 순서대로 "숫자"로 적어세요?

【 문 5 】 모든 카드의 숫자를 합하면 얼마일까?

108 엄마, 내마음을 어떻게 알아?

04
MENTORING

색채미술 심리카드로 푼

4-5 색칠 공부

　대부분의 색칠공부는 그림책(스케치 된 그림)을 이용하여, 모든 아이들이 동일한 관점에서 단순한 색의 선택에 의한 기본적인 그림그리기 방법이다. 그러나 색채미술 카드의 색칠공부는 색의 선택은 물론, 색칠하는 동작과 모습은 아이들의 심리적 상태를 표현하는 중요한 도구이기 때문에, 색칠하는 과정에서의 아이들의 심리상태를 파악하고, 심리분석을 할 수 있다.

　만약 그림 그리는 것이 싫고, 그림을 잘 그리지 못하는 아이에게 억지로 그림을 그리게 한다면, 아이는 심리적 부담이나 많은 스트레스를 받을 것이다. 결과적으로 이럴 때 아이의 심리상태는 불안정할 것이고, 그림을 그리는 동안에 되레 반발심과 반항심을 심을 수도 있다.

　따라서 아이들의 색칠공부를 통하여, 아이들의 심리상태를 파악하고, 올바른 두뇌계발과 두뇌활동이 진행될 수 있도록 해야 한다.

【 목적 】 아이들의 색칠공부

　색칠공부는 아이들의 색상에 대한 감성과 느낌을 표출하는 좋은 두뇌계발 프로그램이다. 그러나 단순한 색칠공부만으로 아이들의 두뇌활동을 촉진한다고는 볼 수 없다.

　왜냐하면 아이들은 현시점에서의 단순한 감성과 느낌으로 색을 선택하고, 색칠을 하게 되는 데, 그러한 색칠공부는 되레 아이들에게 "스트레스"를 안겨줄 가능성이 높다.

　만약 아이들이 불만이나 불평 등 반항심리 상태에서 계속적인 색칠공부를 진행하는 것은 되레 반항심이나 반발심을 두뇌에 고착된 의식으로 뿌리를 내릴 수 있을 것이다.

　그러므로 색칠공부는 아이들의 심리상태가 긍정적인 상태, 편안한 상태, 안정적인 상태의 내적인 감성과 느낌을 표현할 수 있도록 해야 한다.

04 MENTORING

색채미술 심리카드로 푼

【 Drawing Book의 구조 】 드로잉북 그림 그리기

　BNP 색채미술에서 아이들의 색칠공부는 두뇌계발과 두뇌창조 프로그램의 하나로 진행되기 때문에, 아이들의 감정 표현과 느낌을 충분히 발휘할 수 있는 심리적 안정상태가 유지될 때 가장 효과적이다.

　지금까지 대부분의 색칠공부들은 그림 그리기 연습을 진행하는 방법을 선택한 경우가 많은 데, 이러한 방법은 심리적 갈등, 불안, 감정적 반항심이나 반발심을 가지고 있는 상태에서는 되레 엄청난 "스트레스, 고민, 고통"등이 따르기 때문에, BNP 색채미술 Drawing Book를 이용하면 좋은 효과가 나타날 것이다.

대인심리 Test용 Drawing Book

• 엄마	• 아빠	• 친구

•할아버지 & 할머니	• 동생	• 선생님 생각

　위의 그림은 아이들이 색칠공부를 시작하기 이전에, 심리적 안정상태를 분별하는 좋은 도구가 될 것이다. 아이들이 편안한 심리적 상태와 좋은 감정으로 안정적인 두뇌활동이 가능할 때, 색칠공부를 하면, 충분히 자기의 감정과 느낌을 색칠로서 표현할 수 있을 것이다.

【 Drawing Book의 유형 】 드로잉 북의 종류

 아이들의 색칠공부는 물론, 심리테스트를 동시에 진행할 수 있는 "드로잉북(Drawing Book)"은 다양하게 구성할 수 있지만, 먼저 아이들의 심리상태를 파악하고, 분석할 수 있는 심리테스트용으로 만들어야 한다.

 따라서 드로잉북은 인지력이 다소 부족하고, 두뇌창조력이 아직 미흡한 아이들과 노인들을 대상으로 한 "태교용, 유아용, 아동용, 재능용, 심리테스트용, 청소년용, 노인심리용"등이 있다.

드로잉북의 종류

Drawing Book 종류	요약
• 태교용	두뇌발달용, 재능계벌용, 감성힐링용
• 유아용	습성심리 테스트용
• 아동용	욕구심리, 반항심리 테스트용
• 심리테스트용	심리적 교정용, 심리치유용
• 노인심리용	노인심리용

04 MENTORING

【 색칠공부 절차 】색칠공부 교육 프로그램

드로잉북을 이용한 색칠공부는 "아이들의 심리상태 분석이나 심리테스트"를 함께 진행하기 때문에, 그림만으로 형상한 그림책의 색칠과는 많은 차이가 난다.

따라서 드로잉북 색칠공부는 아이들의 두뇌계발과 두뇌창조 능력을 배양하기 위한 교육 프로그램이기 때문에, 드로잉북의 색칠공부를 통해 아이들의 심리상태와 두뇌계발 프로그램을 동시에 진행할 수 있다.

드로잉북을 이용한 색칠공부는 "특정분야의 심리테스트"를 동시에 진행할 수 있어야 하기 때문에, 색채미술심리카드를 함께 사용하면서, 색칠공부를 진행해야 한다.

색칠 공부의 기본절차

색의 선택	풀이 & 해석법
• 바탕색	• 바탕색은 아이들의 현재 심리적 근본과 기운을 표시한 것이기 때문에, 가장 먼저 바탕색을 선택한다
• 명제 설정 (그림)	• 명제설정에 따라 선택된 "사물, 사람, 물건, 장소" 등의 색상으로 통해 심리반응을 푼다.
• 색칠 반응	• 색칠에는 아이의 관심, 자극, 고민, 충격 등의 차이에 따라 심리반응을 분석한다.

위의 표에서처럼 "드로잉북 색칠공부"는 기본적인 절차에 따라 색칠공부를 진행해야 하기 때문에, "가정에서는 엄마랑 색칠공부, 어린이집과 유치원에서는 쌤이랑 색칠공부"법을 선택해야 한다.

드로잉북 색칠공부에 필요한 도구로서는 "드로잉북과 색채미술카드"가 필요하며, 기본적인 순서는 "드로잉북 선택 → 명제설정 → 바탕색 선택 → 인물이나 사물의 색상 선택"순으로 진행한다. 심리테스트와 상담법은 다음 장에서 설명하기로 한다.

04
MENTORING

색채미술 심리카드로 푼

4-6 미술 공부

미술공부는 아이들에게는 가장 높은 수준의 두뇌계발 프로그램 중의 하나이다. 이것은 색칠공부와는 달리 자유로운 상상력과 창조력을 바탕으로 스스로 재능을 발휘하는 재능계발 프로그램이다.

미술공부가 재능계발을 위한 것이라면, 미술심리는 개인의 심리적 특성과 갈등, 불만, 불평, 반항, 반발 등 다양한 감정과 감성을 표출해내는 도구이기도 하다.

미술공부는 아이들의 심리테스트용으로 사용하는 방법 중 하나이지만, 심리분석법 상담자의 주관적 의견이 많이 들어가는 풀이법이기 때문에, 신뢰성을 높이기에는 많이 부족할 것이다.

특히 그림을 그리게 하는 방법은 아이들에게 엄청난 "부담과 스트레스"를 줄 수 있고, 또한 그림을 잘 그리지 못하는 아이나 그림을 그리기 싫어하는 아이들의 경우에 반발심이나 부정적인 감정과 느낌이 생길 수 있기 때문에, 심리테스트 하기에는 많이 부족하다고 보아야 한다.

【 목적 】 아이들의 미술공부

아이들의 미술공부는 미술심리나 심리테스트를 하기 위한 방법이 아니라, 아이들의 미술 재능을 발휘할 수 있도록 하는 재능교육 프로그램이라고 할 수 있다.

미술공부는 유아기나 아동기에는 그다지 큰 도움이 되지 못하지만, 미술에 관심을 많이 가지거나, 그림을 그리기 좋아하는 경우, 그리고 부모가 미술공부를 요구하는 경우에는 "아이들의 재능활동이나 재능계발"을 위한 용도로 미술공부를 시킬 수 있다.

여기서 언급하는 미술공부는 BNP 색채미술카드를 이용하여, 아이들에게 미술에 대한 재능 테스트와 재능계발을 위한 목적으로 사용되는 것이다.

04 MENTORING

색채미술 심리카드로 푼

【 미술공부의 개요 】 미술공부를 통한 심리테스트

미술공부는 크게 2가지 용도가 있는 데, 하나는 재능활동을 위한 미술공부이고, 다른 하나는 심리테스트를 위한 미술공부이다. 여기서는 색채미술카드를 이용한 심리테스트용 미술공부에 대해서 살펴본다.

특히 아이들의 미술공부는 두뇌발달과 두뇌계발을 위한 좋은 교육 프로그램이다. 그러나 재능활동이나 미래 전공, 직업 등으로 나아가지 않는 아이들의 경우, 두뇌계발과 심리테스트용으로 미술공부가 진행되어야 할 것이다.

아이들의 미술공부는 아래의 그림과 같이 다양한 지식을 습득하고, 미술을 통한 감정이나 느낌을 나타내기 때문에, 스스로 자기의 감정이나 심정을 설명하지 못하고, 인지능력이 부족한 경우에 아주 유용하게 사용될 수 있다.

미술공부를 위한 색채미술심리

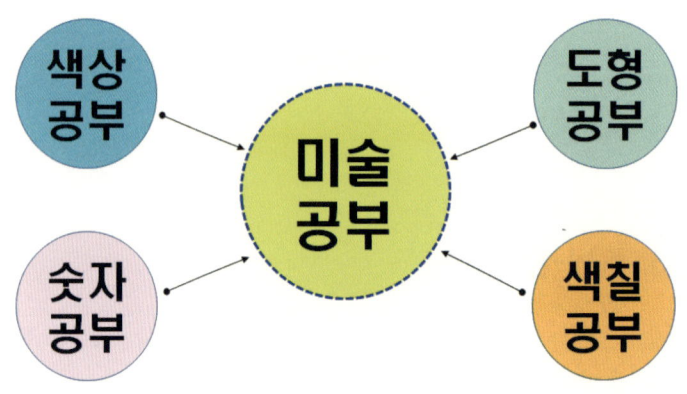

아이들에게 미치는 미술공부의 영향은 아주 크며, "색상공부, 숫자공부, 도형공부, 색칠공부"등의 미술공부를 통하여 두뇌계발에 매우 중요한 역할을 하게 되므로, 유아기나 아동기의 미술공부는 두뇌활동을 활성화 시키는 촉진제가 된다.

04
MENTORING

색채미술 심리카드로 푼

〖 미술심리 테스트 〗 Drawing Book을 이용한 미술공부

드로잉북을 이용한 미술공부는 그림그리기를 싫어하고, 그림을 잘 그리지 못하는 아이들을 대상으로 하는 미술공부에 매우 유용한 방법이다.

이러한 아이들처럼 "심리적 부담과 갈등, 불만"등을 가지고 있는 심리상태에서는 자기의 감정과 느낌을 솔직하게 표현하기는 너무 힘들다.

그러므로 아이들에게 공통의 드로잉북을 제공하는 대신에, "색채미술카드"를 이용하여 색칠공부와 더불어 미술공부를 진행하는 방법이 좋을 것이다.

아이들이 현재 표현은 불가능하지만, 스스로의 감정을 표출하는 드로잉북을 선택하고, 바탕색 선택, 사람의 색상, 사물의 색상, 배경색, 이동수단의 색상, 함께하는 사람"등을 종합적으로 평가하게 되면 좋은 효과를 볼 것이다.

Drawing Book 색칠공부

위의 그림에서 선택된 그림은 동생이나 누나 등의 인간관계를 나타낸 것이며, 배경색, 사람의 색상 등으로 아이의 감정과 심리를 풀 수 있는데, 풀이법과 해석법은 다음 장에서 설명하기로 한다.

PART 05

우리아이 심리요법

5-1. 색채미술심리카드를 이용한 심리요법

5-2. 두뇌계발을 위한 심리요법

5-3. 재능계발을 위한 심리요법

5-4. 좋은 인성을 만드는 심리요법

5-5. 학습효과를 높이는 심리요법

5-6. 반항심을 없애는 심리요법

5-1. 색채미술심리카드를 이용한 심리요법
5-2. 두뇌계발을 위한 심리요법
5-3. 재능계발을 위한 심리요법
5-4. 좋은 인성을 만드는 심리요법
5-5. 학습효과를 높이는 심리요법
5-6. 반항심을 없애는 심리요법

MENTORING

05 우리아이 심리요법

색채미술 심리카드로 푼

5-1 색채카드를 이용한 심리요법

심리치유법은 심리적 결함, 장애, 질환 등을 치유하거나, 치료해 나가는 것인데 반해, 심리요법은 심리적 치료단계 이전의 심리적 교정이나 심리수정단계를 말한다.

심리요법은 대부분이 오성(본성, 심성, 이성, 감성, 각성)의 심리작용이 "과도한 반응과 부족한 반응"으로 인해 발생되는 모든 심리적 장애와 결함을 치유해 나가는 것이다.

성장발달 & 두뇌계발 프로그램

| 두뇌발달 (태교법) | 두뇌계발 (5감 체험) | 재능계발 (오성 훈련) | 인성계발 (오성 훈련) | 학습계발 (지식 습득) |

| 내면심리 | 색상공부 숫자공부 도형공부 | 미술심리 | 색채심리 Drawing Book | 진로상담 Mentoring | Coaching Trainning Healing |

탄생 — 유아기 — 아동기 — 사춘기 — 청소년기 — 미래

아이들의 경우, 심리요법은 태어나서부터 성장단계를 거치면서, 시시각각 변해가는 심리적 충동, 과민한 반응이나 자격지심 등의 심리적 작용에 따라 "생각, 행동, 판단, 감정, 기억"등에 잘못과 오류를 범하게 된다.

이러한 잘못과 오류, 행위, 결정에 따른 미흡함을 개선하고, 발달시키기 위한 모든 심리적 행위 등이 심리요법에 해당된다. 따라서 태아의 두뇌발달, 아이들의 두뇌계발과 재능계발, 청소년들의 학습능력계발 및 고민과 갈등 등을 치유해 나가는 방법들이 모두 포함된다.

05 MENTORING

색채미술 심리카드로 푼

💬 심리테스트 개요

아이들에게 심리요법을 사용하기 위해서는 현재의 문제점을 해결하기 위해 목적에 맞는 심리테스트를 실시하여, 심리장애나 결함의 정확한 원인과 이유를 밝혀내야 한다.

심리에는 3가지 유형, 내면심리, 습성심리, 행동심리가 있는 데, 현재의 모든 행동이나 행위들을 분석하여 오류와 실수, 잘못과 오판 등이 행동심리로 인하여 발생된 것이라면, 심리적 장애나 결함이 있다는 것을 의미한다.

따라서 현재의 행동심리에 따른 문제점, 사건, 실수, 오판 등은 "내면심리나 습성심리"의 잘못으로 발생된 것이므로, 내면심리테스트와 습성심리테스트가 중요하다.

색채미술 심리테스트 개요

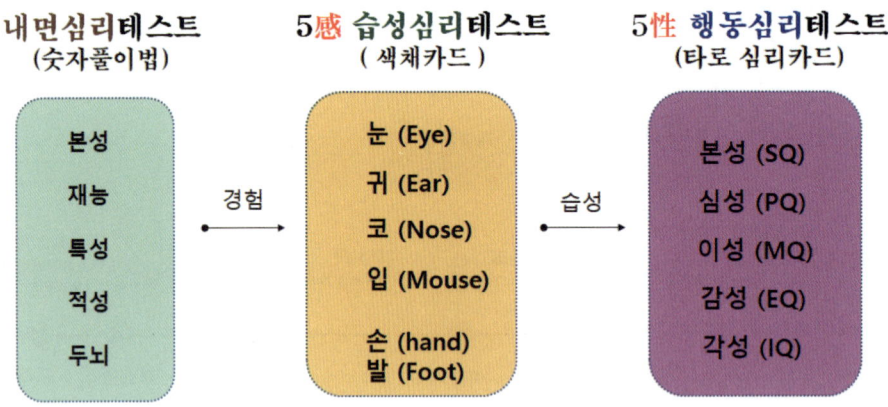

행동심리는 오성의 작용에 따라 발생되는 행동과 행위를 말하며, 습성심리는 오감(눈, 귀, 코, 입, 손발)으로 경험하고, 기억된 습관과 관습이며, 내면심리는 타고난 유전적 심리의 특성과 본성이다. 심리요법은 내면심리의 교정과 습성심리의 치유가 주안점이다.

색채미술 심리카드로 푼

💬 심리테스트 개념

심리요법을 적용하기 위한 심리테스트의 개념을 살펴보면, 크게 2가지 유형으로 대별되며, 하나는 타고난 내면심리를 분석한 후, 습성심리를 키워나가는 "심리계발 활동"이고, 다른 하나는 행동심리를 관찰하여, 심리적 장애요인을 찾아내어, 내면심리와 습성심리를 교정해 나가는 방법으로 "심리교정 활동"이 있다.

심리계발 활동은 내면심리 계발프로그램으로 "태아의 두뇌발달, 아이들의 두뇌계발과 재능계발, 청소년들의 인성계발과 학습계발"등이 있으며, 심리교정 활동은 내면심리나 습성심리 계발프로그램으로 "심리적 장애나 결함"의 원인과 이유를 제거하고, 치유해나가는 "성격힐링, 자격지심, 불안감, 반항심, 반발심" 등의 심리교정법등이 있다.

심리테스트의 개념

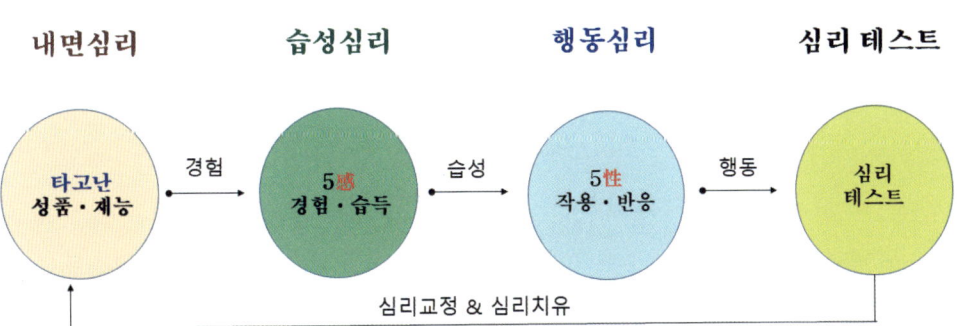

따라서 심리계발 프로그램은 5감의 기능을 계발해 나가는 것이며, 심리교정 프로그램은 5성의 기능을 수정해 나가는 방법이다. 이 장에서 다루는 "심리요법"은 아이들의 두뇌계발, 재능계발, 인성계발 및 학습계발 프로그램과 심리적 갈등, 장애 및 결함 등의 원인을 찾아내어, 심리적 치유를 중심으로 설명해 나가게 된다.

05 MENTORING

색채미술 심리카드로 푼

💬 심리테스트 종류

심리요법에 필요한 심리테스트에는 여러 가지 유형이 있지만, 크게 3가지 유형으로 내면심리테스트, 습성심리테스트, 행동심리테스트가 있다. 따라서 이들 종류와 유형에 따른 BNP 수리심리학 관점에서 심리테스트를 살펴본다.

내면심리테스트는 타고난 심리특성과 성향이기 때문에, 생일을 기준으로 "숫자풀이법과 수리법칙"으로 풀고, 습성심리테스트는 습관과 관습으로 익힌 의식과 잠재의식이기 때문에, "색채심리테스트와 숫자연상법"으로 풀며, 행동심리는 현재의 심리적 갈등과 문제점, 행동과 행위이기 때문에, "미술심리, 색채카드, 타로카드"로 풀 수 있다.

심리테스트의 방법

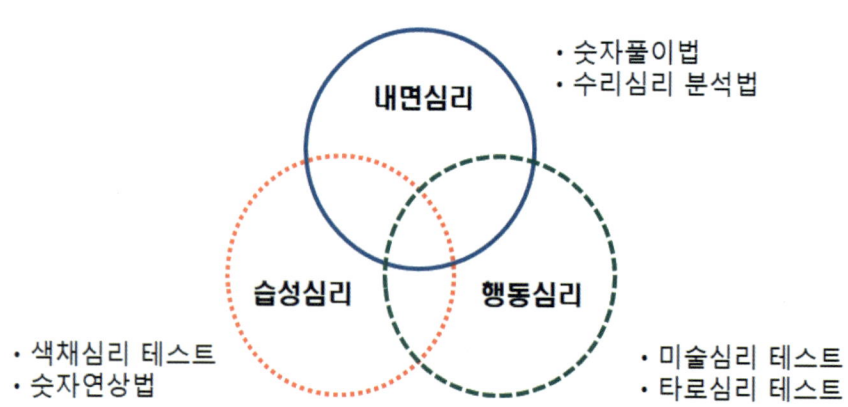

여기서는 "심리계발과 심리교정"을 중심으로 한 심리테스트에 대해 설명하고, 심리도구로서는 "BNP 색채미술 심리카드"를 사용한다. 직접 개발한 "색채미술심리카드"는 과학적 이론과 학문을 기반으로 "습성심리와 행동심리테스트"는 물론, 심리적 장애나 결함을 치유하고, 두뇌계발과 재능계발을 향상시키는 "심리요법"을 설명한다.

5-2 두뇌계발을 위한 심리요법

두뇌계발을 위한 심리요법은 아이들의 두뇌활용도를 증진시키기 위한 심리적 치유활동이다. 예를 들면 현재 공부하기가 싫은 심리상태에서 공부를 한다는 것은 학습능률이나 학습효과를 기대하기 어렵다.

또한 아이들의 두뇌계발은 골고루 두뇌활동을 촉진시키고, 두뇌를 발달시키는 것이 주목적이다. 그러므로 두뇌계발의 효과를 높이기 위해서 심리요법을 사용하게 되면, 두뇌계발과 두뇌활동에 많은 도움이 될 것이다.

【 개요 】- 두뇌계발 심리요법

아이들의 두뇌계발 심리요법을 사용하려면, 목적에 맞는 심리상태를 분석할 수 있는 심리테스트가 필요하다. 이러한 심리테스트를 통해서 현재 아이들의 심리상태에 적합한 두뇌계발 프로그램을 진행하는 것이 맞다.

두뇌계발을 위한 심리요법

두뇌계발을 위한 심리요법에는 주로 "재능계발, 학습계발, 인성계발"등이 있는데, 인성계발 프로그램 중에서 좋은 인성을 갖는 성격을 형성시켜 나가는 습성심리 교육프로그램이 가장 중요하다.

【 색채카드 이용법 】- 두뇌계발 심리요법

두뇌계발 심리요법은 아이들의 다양한 재능과 두뇌발달을 촉진시키기 위한 심리테스트로서, 현재 아이가 하고 싶은 일이나 공부, 학습, 재능, 놀이 등을 색채카드 심리테스트를 통해 관찰하여, 두뇌활동의 촉진에 집중할 수 있도록 하는 방법이다. 따라서 현재의 먼저 두뇌활동 형태를 테스트하여 파악하는 것이 가장 중요하다.

1. 엄마와 아이와의 소통을 위해, 색채카드를 시작한다.
2. 아이의 마음이 안정되는 시점, 카드를 선택하고자 하는 마음이 생겼다고 판단될 때, 색채카드 초이스를 시작한다.
3. "지금 가장 하고 싶은 일은 무엇일까?"라는 명제를 설정한다.
4. 모든 카드를 섞어 놓고, "구기색(9장) 카드"를 분리한다.
5. 1장의 색채카드를 선택하도록 한다.
6. 구기색 숫자풀이법에 따라, "구기색 풀이법"결과를 얘기한다.
   (지금 이런 일을 하고 싶은 것 같은데, 엄마랑 함께 해 볼까?)
7. 다음은 두뇌심리 활동의 강도를 살펴보아야 한다.
   (지금 얼마나 하고 싶은지, 맞춰볼까?)
8. "삼원색(3장)"카드를 분리하여, 색채카드를 초이스 하도록 한다.
9. "삼원색 숫자풀이법"에 따라, 심리욕구를 설명하도록 한다.
   (지금 이것을 많이 하고 싶구나!)
10. 심리요법에서는 항상 긍정적인 질문과 해답으로 상담해야 한다.
11. 끝으로 "엄마와 함께 해 볼까! 엄마랑 함께 하자!"라고 한다.

【 심리요법 】- 두뇌계발 심리요법

두뇌계발 심리요법은 꾸준히 진행해야 하며, 아이들이 스스로 두뇌활동에 따라 습성심리가 자리 잡도록 하는 방법이다. 이 때 엄마와의 소통도 아주 중요하기 때문에, 엄마와의 교감을 통해 함께하는 방법이어야 한다.

5-3 재능계발을 위한 심리요법

재능계발을 위한 심리요법은 아이들이 재능, 예능, 운동 등에 관심과 취미를 가지고 있을 때, 이러한 재능활동을 강화시키고, 능력을 발휘할 수 있도록 지도하는 방법이다.

아이들도 어떤 특별한 재능을 가지고 있을 경우에는 하고 싶고, 집중하여 노력할 수 있지만, 관심이 없는 경우에는 하기 싫어한다. 그러므로 좋아하는 시기를 찾아내어, 재능계발 분야를 훈련하고 꾸준히 연습하는 것이 효율적이다.

【 개요 】- 재능계발 심리요법

주로 예능, 재능, 운동, 학습 등의 분야에서 재능계발 심리요법을 잘 활용하게 되면, 아이들의 다양한 재능계발과 예능계발에 많은 효과가 나타날 것이다.

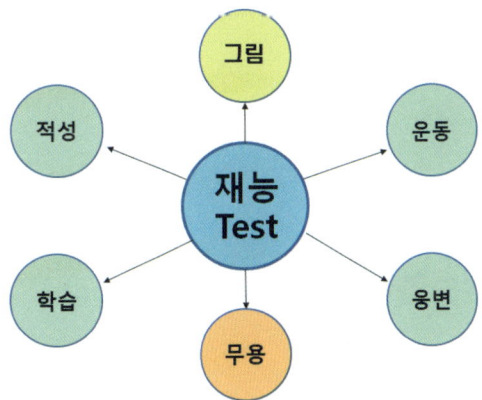

미래 가능성이 높은 재능분야는 조기교육을 통해 훌륭한 재능계발이 가능하다. 이러한 재능들은 아이들의 타고난 내면심리적 특성과 재능이기 때문에, 내면심리 상담법(숫자풀이법)이나 재능활동을 통한 심리반응에 따라 결정해야 한다.

【 색채카드 이용법 】- 재능계발 심리요법

재능의 유형에는 크게 2가지로 "타고난 재능과 좋아하는 재능"으로 구분되며, 타고난 재능은 주로 부모의 재능을 이어받는 유전적 특성이 강하고, 좋아하는 재능은 현실에서 취향에 맞는 습성형 재능을 말한다.

그동안 대부분의 엄마들은 아이가 무엇을 잘하는 지를 꾸준히 관찰하거나, 학원이나 교습소에서 학습시키는 활동을 통해 특별한 재능교육을 진행해 왔다.

1. 엄마와 아이와의 소통을 위해, 색채카드를 준비한다.
2. 아이의 마음이 안정되는 시점, 카드를 선택하고자 하는 마음이 생겼다고 판단될 때, 색채카드 초이스를 시작한다.
3. "나는 어떤 재능을 가지고 있을까?"라는 명제를 설정한다.
4. 모든 카드를 섞어 놓고, 우선 "팔방색(8장) 카드"를 분리한다.
5. 1장의 색채카드를 선택하도록 한다.
6. 팔방색 숫자풀이법에 따라, "팔방색 풀이법" 결과를 얘기한다.
   (지금 재능이 있는 데, 엄마에게 한번 보여 줄 수 없겠니?)
   (얼마나 너의 재주가 좋은지, 한번 보여 줘!)
7. 끝난 후에는 아낌없이 박수와 칭찬을 한다.

【 심리요법 】- 재능계발 심리요법

아이들의 재능 발휘는 성격성향에 따라 많은 차이를 보이기 때문에, 아이의 성향에 맞게 적절히 요청이나 강요 등이 필요하다. 우선 엄마는 무조건 "긍정의 힘"으로 아이가 자신의 재능을 발휘할 수 있도록 한다.

재능계발 교육프로그램은 타고난 재능, 예능, 운동 등의 재능교육을 시켜본 후에 결정해야 하고, 엄마의 멘토링 과정에서 재능이 다소 미흡할 경우에는 억지 교육이나 엄마의 강요에 의한 재능교육은 금물이다.

5-4 좋은 인성을 만드는 심리요법

좋은 인성을 만드는 심리요법은 아이들의 오성(본성, 심성, 이성, 감성, 각성)의 균형적인 습성심리 교육프로그램이다. 누구나 완벽한 인성을 갖추기 힘들기 때문에, 지속적으로 배우고, 가르치고, 습관화해야 한다.

"좋은 인성이란 무엇일까?" 라는 과제를 설정하고, 아이들에게 좋은 인성을 갖추기 위한 노력뿐만 아니라 훈련이나 교육으로 "아이는 아이답게…어른은 어른답게…" 행동하는 품성과 인성을 갖추는 것이다.

【 개요 】- 인성교육 심리요법

인성교육 심리요법의 대상은 지나치게 과도한 행동이나 자신감 없는 성향을 나타내는 아이들이며, 이러한 부족함이나 미흡함을 없애고, 좋은 대인관계를 유지할 수 있도록 인지시키는 훈련이다.

인성개발을 위한 심리요법

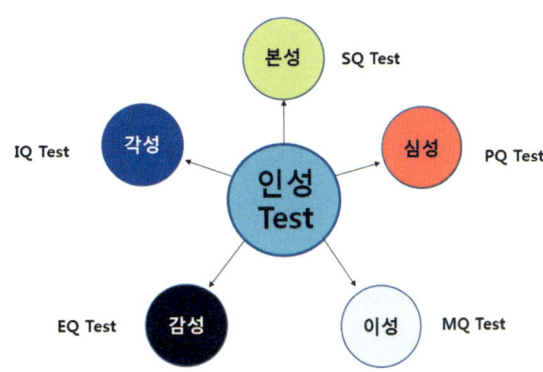

따라서 인성훈련은 5가지 오성(五性) 중에서 강한 특성은 인내성을 부여하고, 약한 특성은 도전과 모험심을 심어주어야 한다. 왜냐하면 아이들은 자신감이 있으면, 우쭐되기도 하지만, 부족한 것이 많으면 열등감이나 자격지심으로 소극적이고, 수동적 행동으로 사회적응력이 부족하게 되기 때문이다.

색채미술 심리카드로 푼

【 색채카드 이용법 】 - 인성교육 심리요법

인성교육은 오성의 5가지 유형을 골고루 균형을 갖추도록 교육하고, 훈련시키는 것이며, 유아기와 아동기 때의 인성교육이 가장 중요하다. 인성은 지식과 지혜, 그리고 마음과 행동으로 이루어져 있기 때문에, "가르침, 교육, 훈련, 멘토링 과정"이 필요하다.

아이들에게 좋은 인성교육 프로그램은 가정에서의 "엄마 멘토링 과정"이며, 그리고 어린이집이나 유치원에서의 "코칭 프로그램", 그리고 야외 활동이나 캠프를 통한 "트레이닝 프로그램"이 효과적이다. 여기서는 "색채미술심리카드"를 이용하는 방법을 설명한 것이다.

1. 엄마와 아이와의 소통을 위해, 색채카드를 준비한다.
2. 아이의 마음이 안정되는 시점, 카드를 선택하고자 하는 마음이 생겼다고 판단될 때, 색채카드 초이스를 시작한다.
3. "나는 지금 어떤 마음을 가지고 있을까?"라는 명제를 설정한다.
4. 모든 카드를 섞어 놓고, 우선 "오방색(5장) 카드"를 분리한다.
5. 1장의 색채카드를 선택하도록 한다.
6. 오방색 숫자풀이법에 따라, "오방색 풀이법" 결과를 얘기한다.
   (지금은 이런 마음을 가지고 있으니, 이렇게 하는 것이 좋겠다)
   (지금 어떤 마음을 가지고, 이런 행동을 하고자 한거니?)
7. 인성교육을 위한 감정테스트는 여러 번 계속해서 시도해도 괜찮다.
   (지금은 이런 행동을 하고 싶구나?)

【 심리요법 】 - 인성교육 심리요법

인성교육을 위한 심리요법은 여러 번 계속해서 시도해도 문제가 없으며, 멘토의 판단에 따라 지속적으로 "카드 초이스"를 진행해도 좋다. 필요할 경우, "행동 수정이나 교정"을 인지할 때까지 진행해도 된다.

색채미술 심리카드로 푼

5-5 학습효과를 높이는 심리요법

학습효과를 높이는 심리요법은 공부할 때, 집중력을 높여 학습효과를 극대화하기 위한 교육 프로그램이다. 아이들의 경우 "공부 스트레스"를 줄여주는 것이 학습효과를 높일 수 있다.

그러므로 학습효과를 높이기 위해서는 "두뇌활동"이 활발해야하기 때문에, 공부하고자 하는 마음이 생겼을 때, 공부를 하도록 유도를 해야 한다.

【 개요 】- 학습능력 향상 심리요법

학습능력 향상을 위한 심리요법은 두뇌의 활동이 원활할 경우에 가장 학습능력이 뛰어나게 된다. 그러므로 공부하고자 하는 마음과 두뇌활동이 원활해지도록 유도한 다음에 공부를 하도록 하는 것인데, 성인의 경우 "마인드컨트롤" 방식이기도 하다.

학습효과를 높이는 심리요법

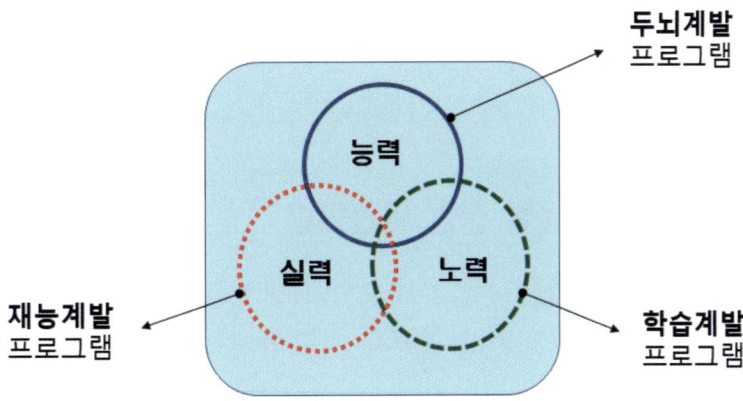

학습효과를 극대화하는 것은 두뇌능력을 높이는 것이며, 아이들의 경우에 공부하고자 하는 마음이 열렸을 때 학습능력이 뛰어나게 된다. 그러므로 색채카드를 이용하여, 두뇌활동이 활성화 되도록 유도하는 방식이다.

【 색채카드 이용법 】- 학습능력 향상 심리요법

타고난 오성(각성)이 뛰어난 경우에 학습 두뇌활동이 발달되지만, 학습능력이나 학습효과는 결국 노력에 의한 결과로 나타나는 것이 일반적이다.

그러므로 "아무리 머리가 좋다고 하더라도, 공부를 하지 않으면..." 학습능력이 좋을 수 없으며, 노력하지 않으면 좋은 학습효과를 기대할 수 없다. 그렇기 때문에, 두뇌활동이 활발한 때에 공부를 하도록 한다.

1. 엄마와 아이와의 소통을 위해, 색채카드를 준비한다.
2. 아이의 마음이 안정되는 시점, 카드를 선택하고자 하는 마음이 생겼다고 판단될 때, 색채카드 초이스를 시작한다.
3. "지금 공부를 하면, 공부가 잘 될까?"라는 명제를 설정한다.
4. 모든 카드를 섞어 놓고, 우선 "구기색(9장) 카드"를 분리한다.
5. 1장의 색채카드를 선택하도록 한다.
6. 구기색 숫자풀이법에 따라, "구기색 풀이법" 결과를 얘기한다.
   (지금은 공부가 잘 안될 것 같으니, 나중에 공부하자)
7. 공부할 때가 아니라면, 다시 "구기색(9장)"카드를 선택하도록 한다.
   (몇시간 후에는 공부가 잘 될 테니, 그때까지는 놀아라)

【 심리요법 】- 학습능력 향상 심리요법

학습능력을 높이고, 학습효과를 극대화하기 위해서는 "공부하고자 하는 두뇌활동"이 필요하기 때문에, 억지로 공부를 강요하게 되면, 아이들은 많은 "공부 스트레스"를 받게 된다.

따라서 공부에 대한 열등감, 공부에 대한 두려움 등으로 심리적 갈등을 일으키게 되고, 심하게 되면 공부를 포기하는 경우가 생기거나 공부를 하는 시늉만 하게 될 공산이 크다.

05
MENTORING

색채미술 심리카드로 푼

5-6 반항심을 없애는 심리요법

반항심을 없애는 심리요법은 아이들은 욕구불만이나 지나친 소유욕에 따라 반항심이 가장 강하게 작용하기 때문에, 이러한 반항심을 줄이는 심리치유 프로그램이라고 할 수 있다.

욕구불만에 의해 생긴 반항심을 해소하는 가장 좋은 방법은 "가정에서의 엄마 멘토링"이 될 수 있다.

【 개요 】- 반항심 제거 심리요법

반항심을 없애는 심리요법은 크게 4가지 유형이 있는 데, 아래 그림에서처럼 자신감 부족, 욕구불만, 여건 불만족, 자신감 결여 등의 요인이 대부분이다.

반항심을 없애는 심리요법

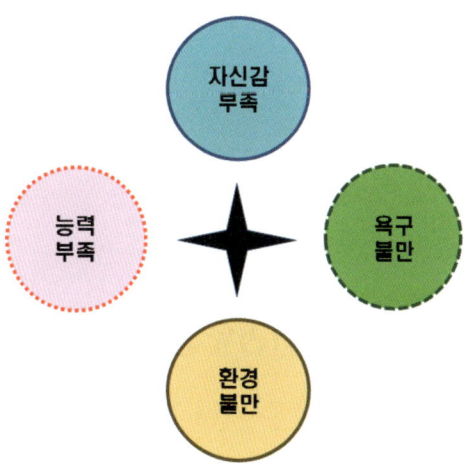

"불만족과 부족감"에 의한 자격지심은 타고난 오성의 강한 기운의 작용으로 아이들마다 다른 행동으로 표출된다. 이러한 반항심이 누적되거나, 해소되지 못하면, 성격적 결함이나 심리적 장애 현상으로 나타나 습성심리로 나타나면 좋은 현상이 아니다.

제5장 우리아이 심리요법

【 색채카드 이용법 】- 반항심 제거 심리요법

반항심을 없애는 심리요법은 "아이들의 반발, 반항, 대꾸, 불만"등이 강하게 표출하는 행동으로 이어질 때, 자연스러운 상태가 유지되고, 심리적으로 안정되었다고 판단되면, 색채카드를 이용하여 반항심을 테스트해 야 한다.

아이들의 반항심이나 반발심이 오성의 작용과 반응으로 이어지게 되면, 사회성이 부족해지고, 친구나 교우관계를 위한 성격성향이 잘못 형성되어 왕따나 폭력, 싸움, 대립 등의 부작용이 습성으로 이어질 수 있다.

1. 엄마와 아이와의 소통을 위해, 색채카드를 준비한다.
2. 아이의 마음이 안정되는 시점, 카드를 선택하고자 하는 마음이 생겼다고 판단될 때, 색채카드 초이스를 시작한다.
3. "지금 무엇이 필요한지, 무엇을 가지고 싶니?"라는 명제를 설정한다.
4. 모든 카드를 섞어 놓고, 우선 "사방색(4장) 카드"를 분리한다.
5. 1장의 색채카드를 선택하도록 한다.
6. 사방색 숫자풀이법에 따라, "사방색 풀이법" 결과를 얘기한다.
   (지금 필요한 것이 있는 것 같은 데, 무엇이 필요하지?)
7. 필요한 것을 말하면, "삼원색(3장)"카드를 선택하도록 한다.
   (그럼 언제까지, 몇 일에 사줄 테니, 백화점으로 가자)

【 심리요법 】- 반항심 제거 심리요법

반항심 제거 심리요법은 지금 당장 아이의 요구사항을 해결해 주면 안 되기 때문에, "몇 일, 언제 쯤, 생일이나 기념일" 등 일정 시간이 지난 후, 약속 날에 철저하게 해결해 주는 습성을 길러야 한다.

아이들의 반항심에 의한 행동은 해결할 수 있으나, 습성이나 습관이 형성되면, 반항심을 제거할 수 없다. 그렇기 때문에, 아이들에게 자제력과 신뢰성을 부여해 나가는 방법이 필요하다.

PART 06

엄마랑(쌤) 함께하는 놀이법

6-1. 엄마랑·아이랑 함께하는 소통법

6-2. 색상공부 놀이법

6-3. 숫자공부 놀이법

6-4. 도형공부 놀이법

6-5. 경쟁심리 놀이법

6-1. 엄마랑·아이랑 함께하는 소통법
6-2. 색상공부 놀이법
6-3. 숫자공부 놀이법
6-4. 도형공부 놀이법
6-5. 경쟁심리 놀이법

MENTORING 06 색채미술 심리카드로 푼

엄마랑(쌤) 함께하는 놀이법

6-1 엄마랑 · 아이랑 함께하는 소통법

엄마랑(쌤이랑) 아이랑 함께하는 소통법이란 엄마가 아이와의 심리적 교감을 통해 소통하는 방법이며, 아이 자신의 현재 심리를 엄마가 알아주기를 바라는 마음뿐만 아니라 아이의 심리적 욕구나 갈등 등을 이해하는 마음이 중요하다.

아이들은 엄마와 대화로서 소통하기 쉽지 않기 때문에, 신체를 접촉하는 방법, 함께 놀아주는 방법, 함께 무언가를 하는 방법 등을 통해 소통이 가능한데 , 여기서는 "엄마와 함께 놀아주는 방법(놀이법)"을 중심으로 설명하고자 한다.

💬 자녀와의 소통 놀이법

BNP 색채카드를 이용한 놀이법은 엄마와 아이가 함께하는 놀이법으로, 다양한 방법이 있지만, 여기서는 아이들의 두뇌계발과 재능계발에 도움이 되는 색채카드 놀이법을 소개하고자 한다.

대표적인 것으로서는 "색상 놀이법, 숫자 놀이법, 도형 놀이법, 욕구 놀이법, 소유 놀이법"등이 있으며, 이들 놀이법들은 엄마가 아이의 마음을 인지하여 심리작용과 반응을 파악할 수 있다.

엄마와 함께하는 놀이법

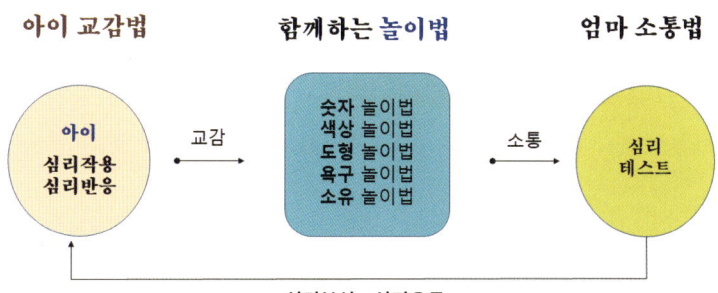

06 MENTORING

엄마와 아이와의 소통법에서 가장 중요한 과제는 엄마가 아이의 심리적 욕구, 갈등, 반항, 반발 등의 심리반응을 파악해야 한다. 아이들의 심리작용은 대부분이 "욕구와 소유"에 대한 집착과 행동성이 강하여 나타나기 때문에 이를 해소하여 아이들이 심리적으로 안정을 얻고 성격적으로 원만한 관계를 형성하여 힐링할 수 있도록 돕는 소통법이다.

색채카드 놀이법

색채카드 놀이법은 색채카드의 특성을 활용한 "숫자, 색채, 도형"을 이용한 놀이법(게임)이며, 엄마가 아이들과 함께하는 두뇌계발 프로그램의 하나이다.

이는 색채카드를 이용하여, 엄마랑 놀이 게임을 할 때 "숫자공부, 색상공부, 색채공부, 그림공부"등의 놀이와 게임을 즐기는 것이다.

색채카드 놀이법

놀이 종류	놀이 개요
• 숫자놀이	• 같은 숫자의 카드 모으기
• 색상놀이	• 같은 색, 모양 카드 모으기
• 다리놓기	• 무지개색 순서대로 연결하기
• 카드쌓기	• 여러 명이 함께하는 카드 모으기
참 고	• 엄마(가족)랑 함께 두뇌계발 게임하기

색채미술카드를 이용한 "엄마랑 함께하는 놀이법"은 유아기와 아동기의 아이들을 대상으로 맞춤식, 단계별 놀이법으로 구성되어 있으나 엄마의 재량에 따라 다양한 놀이법을 개발할 수 있다.

6-2 색상 놀이법

색채카드를 이용하여, 색상 공부와 도형 공부를 동시에 진행하는 게임으로 삼원색(3장)~구기색(9장)까지 단계별 적응도에 따라 진행한다.

특히 유아원이나 유치원에서 선생님(엄마)이 모든 아이를 대상으로 "색상공부 및 색채공부"와 더불어 "숫자공부"도 동시에 진행할 수 있다.

【 개요 】

엄마랑 색상놀이법은 같은 색상을 가진 카드를 골라내는 놀이법으로, 유아기에는 "삼원색(3장)과 육원색(6장)"을 사용하고, 아동기에는 "무지개색(7장)과 구기색(9장)"을 사용하면 효과적이다.

색상놀이법은 아이들의 색상공부 뿐만아니라 색의 개념을 주입하는 과정으로 수시로 아이들과 함께 놀아주는 방법으로 유아기의 두뇌발달에 많은 도움을 줄 것이다.

【 놀이 방법 】

엄마랑 색상공부 놀이법은 같은 색상을 가진 카드를 가져오는 게임이기 때문에, 승부욕을 자극하는 것이 아니라, 단순히 두뇌계발 및 순발력을 테스트하는 것으로, 게임을 자주 활용하게 되면 두뇌활동에 많은 도움을 줄 것이다.

- 1 게임 - 유아를 위한 삼원색 색상놀이법으로, "삼원색(3장) 카드와 육원색(6장) 카드"를 사용하고, 삼원색과 같은 색상을 육원색 카드에서 같은 색상카드를 가져오게 한다.
- 2 게임 - 아동기 아이들을 위한 무지개색 색상놀이법으로 "무지개색(7장) 카드와 구기색(9장) 카드"를 이용하는 방법이다.

06 MENTORING

색채미술 심리카드로 푼

색상 놀이법 (설명)

인원	• 선생님(엄마) – 모든 사람 (카드 필요)
놀이 순서	1. 엄마와 아이랑 나란히 앉아 준비를 한다.
	2. 아이는 삼원색, 엄마는 육원색 카드를 펼친다.
	3. 아이의 카드와 똑같은 색상카드를 가져오게 한다.
	4. 삼원색 3장의 카드를 가져오면, 삼원색을 설명한다.
	5. 승부하는 게임이 아니니, 이기는 사람은 없다.
	6. 카드를 찾아오는 속도는 많이 달라질 것이다.
	7. 자주 진행하면, 순발력을 발휘할 수 있다.
효과	• 색상 공부도 하고, 순발력, 인내심 Test 교육

【 색상공부 놀이법 】- 카드 펼치기

색상공부 놀이법

　색상카드 놀이법은 "엄마와 아이, 쌤과 아이들"을 대상으로 하는 게임으로 경쟁심 없이 단순한 색상공부를 위한 학습게임이다. 위의 그림은 아동기의 아이들을 대상으로 "무지개색(7장)과 구기색(9장)"을 사용하는 놀이법을 나타낸 것이다.

06 MENTORING

6-3 숫자 놀이법

색채카드를 이용한 "숫자풀이 놀이법"은 숫자의 개념을 인식시키고 숫자의 의미를 익히는 게임이다.

숫자 놀이법은 2-4명 정도가 함께 이용할 수 있으며, 서로에게 주어진 각 카드의 숫자의미를 되새기면서, 숫자공부를 진행하는 게임이기 때문에, 서로 다른 숫자 7종의 카드를 함께 가져오는 방식이다.

【 개요 】

엄마랑 숫자놀이법은 같은 유형(숫자)의 카드를 골라내는 놀이법으로, 색채카드(총 42장)를 사용하여 사람수에 따라 적절히 배분하여, 같은 숫자의 카드를 함께 가져오는 게임으로 아이들에게 숫자의 개념을 익히면서, 아이들의 두뇌계발을 돕는 게임이다.

【 놀이 방법 】

엄마랑 숫자공부 놀이법은 같은 숫자 유형의 카드를 함께 가져오는 게임이기 때문에, 나에게 주어진 카드의 선택이 매우 중요한 관건이다. 카드는 사람 수에 따라 또는 유형별로 구분해서 나눌 수도 있다.

- 1 게임 - 2명일 경우에는 각자 10장씩의 카드를 배분한다.
- 2 게임 - 3명일 경우에는 7장의 카드를 배분한다.

06 MENTORING

색채미술 심리카드로 푼

숫자 놀이법 (설명)

인원	• 2-4명
놀이 순서	1. 책상 둘레에 마주보고 앉는다.
	2. 색채카드(42장)를 잘 섞어 놓는다.
	3. 우선 카드 선택 순번을 정한다.
	4. 한장씩 순번으로 카드를 펴고, 같은 숫자일 경우에는 가져온다.
	5. 가져 온 카드내용들을 "3장~9장"까지 분리하여 놓는다.
	6. 마지막 카드에서 가져온 숫자에 카드가 없을 때 진것이다
	6. 숫자에 맞는 카드를 많은 가져오지 못한 사람이 진다.
효과	• 숫자도 익히고, 순서(질서)도 지키는 교육법

【 숫자공부 놀이법 】 - 카드 펼치기

숫자공부 놀이법

숫자카드 놀이법은 색채카드를 이용하여, 아이와 함께 "숫자공부"를 하면서, 내가 가지고 있는 동일한 숫자카드와 펼쳐진 숫자카드가 동일할 때 가져오는 게임이다. 마지막에는 동일한 숫자카드를 많이 가져온 사람이 승리하는 게임이다.

6-4 도형공부 놀이법

도형공부 놀이법은 아이에게 도형의 형상과 도형의 개념을 심어주고 도형의 이미지를 인식하고 활용하는 새로운 개념의 상상력을 부여하기 위한 게임이다.

도형공부 놀이법은 "일명 다리놓기 놀이법"으로, 만약 여러 명의 아이들이 동시에 진행한다면, 각자가 가지고 있는 색채카드 중에서 동일한 모형의 7색 파랑개미 모양의 카드를 분리하고, 무지개색(7색)의 순번에 따라 차례차례 무지개색 다리를 이어가는 게임이다.

【 개요 】

모든 카드 속에서 무지개색(7장)카드를 찾게 하고, 분리해낸 카드를 무지개색 순서대로 다리를 이어가도록 하는 게임이다. 이 다리놓기 게임은 각자의 카드에서 한사람씩 무지개다리를 이어가는 것이기 때문에, 재미있게 공부를 할 수 있다.

【 놀이 방법 】

쌤이랑 함께하는 도형공부 놀이법(일명 : 무지개 다리놓기)은 아이들이 무지개색의 개념과 무지개색의 순서를 동시에 습득할 수 있기 때문에, 수업시간에도 잘 활용하게 되면 즐거운 수업이 될 수 있을 것이다.

- 1 게임 - 선생님이 수업시간에 아이들과 함께 하는 개인 무지개 연결 게임이다.
- 2 게임 - 집에서 엄마와 함께하는 무지개색 다리놓기는 엄마와 아이의 심리적 교감과 소통에 많은 도움이 될 것이다.

06 MENTORING

다리놓기 놀이법 (설명)

인원	• 선생님(엄마) – 모든 사람 (카드 필요)
놀이 순서	1. 각자 책상에 모든 카드를 잘 섞어 놓고,
	2. 파랑개미 모양의 무지개색(7색)을 골라낸다.
	3. 무지개색 순서(빨주노초파남보)를 가르쳐 준다.
	4. 색을 인지하지 못하는 경우에는 무지개색 순서대로 책상에 7장의 색을 펼치도록 한다.
	5. 한명이 차례대로 무지개색을 이어가도록 한다.
효과	• 색상 공부와 색채공부도 하고, 두뇌계발 교육

특히 유아원이나 유치원에서 선생님(엄마)이 모든 아이를 대상으로 "무지개색(7색)과 빨주노초파남보"를 재미있는 놀이 수업시에 활용하게 되면 많은 도움이 될 것이다.

【 도형공부 놀이법 】- 카드 펼치기

무지개 다리놓기 놀이법

무지개 다리놓기 게임은 엄마의 경우에는 무지개 색으로 이어가도록 하는 방법이고, 어린이집이나 유치원에서는 선생님이 많은 아이들과 함께 각자 무지개 다리를 이어갈 수 있도록 하는 게임으로 무지개색에 대한 개념을 확실히 인식시키고, 습득시킬 수 있을 것이다.

6-5 경쟁심리 놀이법

　경쟁심리 놀이법은 아이들의 경쟁심리가 어느 정도인지를 파악하기 위한 놀이법으로, 놀이 중에 지나친 경쟁심을 나타내면, 심리교정이나 심리수정이 필요하다고 판단하면 된다.

　경쟁심리 놀이법으로 적합한 것은 "일명 카드쌓기 놀이법"이 있는 데, 2~3명이 동시에 참가하는 방법으로 상대적인 비교평가가 이루어지기 때문에 판단하기가 좋다.

【 개요 】

　카드 쌓기 놀이법은 2~3명이 동시에 하기 때문에, 적절히 카드를 나누는 방법이 필요하다. 그러므로 유아기에는 사용할 수 없으며, 아동기에 접어들었을 때 경쟁심리가 유발되기 때문에, 게임으로 접근하면 효과가 있다.

　카드 쌓기 놀이법은 각자 많은 카드를 가져오는 게임이기 때문에, 상대적인 게임이며, 카드를 가져오지 못하는 아이들의 반응과 많이 가져오는 아이들의 심리를 파악하기 위한 것이다.

【 놀이 방법 】

　경쟁심리 카드쌓기 놀이법은 집에서는 엄마가 함께 참여하면서 관찰하는 방법으로 아이와 소통하고 교감할 수 있는 방법이다. 또한 유치원에서는 선생님(쌤)들이 아이들끼리 "카드 쌓기 놀이법"을 자율적으로 진행하도록 하면서 뒤에서 카드게임을 지켜보면서 아이들의 심리상태나 욕구, 욕심, 성격, 행동성향을 파악할 수 있다.

06 MENTORING

색채미술 심리카드로 푼

카드쌓기 놀이법 (설명)

인원	• 2~4명 (엄마, 아빠, 동생)
놀이 순서	1. 모든 카드를 섞어, 왼쪽에 있는 사람에게 일부 카드를 가운데 놓고,
	2. 사람 인원수 (2명=7장, 3명=6장, 4명=5장씩) 에 따라 각각 동일하게 나누어 준다.
	3. 가운데 5장의 카드를 위에서부터 펼쳐 놓는다.
	4. 카드를 나눈 사람이 맨 먼저, 손에 든 카드와 바닥에 펼쳐진 카드가 같은 동종의 카드라면 함께 가져가고,
	4. 바닥에 놓인 카드를 한 장 펼치고, 같은 그림이면 함께 가져간다.
	5. 순서대로 동일한 방식으로 마지막 장까지 펼치고 나면, 가장 많은 카드를 가져온 사람이 승리한다.
효과	• 숫자 공부, 도형공부도 하고, 두뇌계발 교육

【 경쟁심리 놀이법 】- 카드 펼치기

카드쌓기 놀이법

경쟁심리 카드쌓기 놀이법은 아이들의 심리상태를 파악하는 데, 많은 도움이 된다. 특히 아이들의 욕구, 욕심, 성격성향, 행동성향 등을 파악하는 데 좋은 방법이 된다.

PART 07

엄마랑(쌤) 함께하는 멘토링법

7-1. 멘토링(Mentoring)법이란?

7-2. 우리아이 성격(유형) Test

7-3. 우리아이 감정(오성) Test

7-4. 우리아이 재능(예능) Test

7-1. 멘토링(Mentoring)법이란?
7-2. 우리아이 성격(유형) Test
7-3. 우리아이 감정(오성) Test
7-4. 우리아이 재능(예능) Test

07 엄마랑(쌤) 함께하는 멘토링법

7-1 멘토링(Mentoring)법이란?

멘토링(Mentoring)이란 풍부한 경험적 지식과 지혜를 갖춘 사람이 통찰력을 가지고 지도하는 방법이나 과정을 말한다. 따라서 성장해 가는 아이들이나 청소년들의 미래에 대한 진로, 진학, 학습, 취업 등을 상담하고 조언하여 올바르고, 쉬운 성공의 길로 안내하고 지도해 주는 것을 말한다.

【 멘토 (Mentor) 】 - 경험과 명예, 지혜를 갖춘 사람이 다른 사람에게 유용한 지식이나 통찰, 지혜 등을 제공하고, 조언해 줄 수 있는 지도자나 스승을 말한다.

【 멘티 (Mentee) 】 - 미래의 희망과 하고자 하는 일에 대한 경험과 지혜를 갖춘 멘토(Mentor)의 조언과 지도를 받는 사람을 말한다.

【 멘토링 (Mentoring) 】 - 멘토링이라는 것은 멘토와 멘티 사이에서 특정분야에 대해 경험을 알려주고, 상담해주고, 지도해나가는 전과정을 말한다.

💬 엄마 멘토링 개요

엄마 멘토링은 풍부한 경험과 지혜를 갖춘 엄마가 태아, 유아, 아동, 청소년기의 자녀에게 전문적인 트레이닝을 받아서 미래 진로를 위한 상담과 지도를 하는 방법이다.

아이들은 신체적, 심리적, 사회적 발달이 급격하게 이루어지고 또한, 성장하면서 다양한 변화를 겪기 때문에 아이를 누구보다도 잘 아는 엄마가 직접 멘토링하는 방법이 가장 좋은 방법으로 효과도 클 것이다.

따라서 이 책에서는 태교에서 아이들의 성장과 더불어 사회 진출 때까지 자녀에 대한 엄마의 멘토링을 통해 정보, 지식, 경험, 지혜를 제공하여 지도하고 상담하는 방법을 설명하고자 한다.

💬 엄마 멘토링 과제

엄마 멘토링은 언제부터 시작하는 것이 좋을까? 아이들의 마음을 가장 잘 아는 사람은 누구보다도 엄마일 것이다. 그러므로 자녀에 대한 가장 좋은 멘토는 엄마이고, 가장 효과적인 멘토링은 엄마 멘토링일 것이다.

엄마와 함께하는 심리테스트

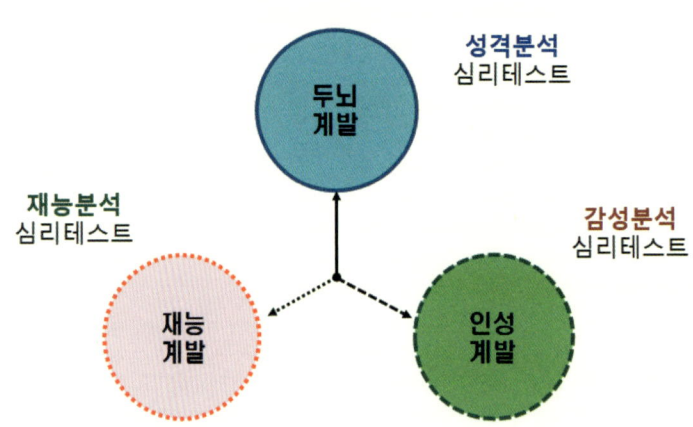

위의 그림에서처럼, 엄마 멘토링의 3대과제는 "두뇌계발, 재능계발, 인성계발"이다. 이러한 멘토링 과제를 진행하기 위해서는 엄마가 갖추어야 할 사항이 무엇인지 살펴보기로 한다.

엄마 멘토링을 위해 필요한 프로그램은 두뇌계발 프로그램, 재능계발 프로그램, 인성계발 프로그램으로 대별할 수 있다.

색채미술 심리카드로 푼

📩 엄마 멘토링을 위한 재능분석 테스트

엄마랑 재능분석 테스트란 재능계발과 학습능력을 향상시키기 위한 목적으로 아이들이 지니고 있는 개별적인 지능을 분석하는 것이다. 아이들의 재능분석은 현재의 학습재능과는 달리, 타고난 잠재적인 재능을 발굴하여, 훌륭한 재능을 발휘할 수 있도록 하기 위함이다.

엄마랑 재능분석 테스트 (요약)

재능분석 Test	세 부 내 용
1. 성격분석 프로그램	행동성격과 성격유형을 분석해 나감
2. 감성분석 프로그램	오성의 변화를 통한 감성조절 프로그램
3. 재능분석 프로그램	잠재적 재능발굴과 재능계발이 주목적

엄마랑 재능계발 프로그램은 BNP 색채미술카드를 이용하여, 엄마랑 함께하면서, 아이들의 두뇌계발을 목적으로 학습력, 기억력, 수리력, 산술력, 응용력 등의 재능을 향상시켜 나가기 위한 멘토링 프로그램이다.

📩 엄마랑 함께하는 멘토링법

엄마 멘토링을 위한 BNP 수리심리학에서의 심리도구로는 "색채미술카드와 Drawing Book"이 있는 데, 이들 도구들을 이용한 심리테스트는 엄마 멘토링에 매우 중요한 정보와 지식이 된다.

색채미술 심리카드로 푼

엄마 멘토링 테스트 (요약)

심리 도구	Test 의 종류
• 색채미술카드	• 성격(유형) Test • 감정(오성) Test • 재능(예능) Test
• Drawing Book	• 대인심리 Test • 욕구심리 Test • 희망심리 Test • 학습심리 Test

멘토링 심리테스트를 이용한 프로그램은 크게 2가지로 대별되며, 하나는 엄마가 직접 멘토링 하는 것이고, 다른 하나는 선생님(쌤)이 직접 멘토링 프로그램을 운영하는 것이다.

엄마와 선생님의 자녀에 대한 정보, 의견 교환 및 소통은 매우 중요하다. 왜냐하면 집에서 일어난 아이의 "심리적 갈등과 불만"은 어린이집이나 유치원에서 행동으로 나타나기 때문이다.

【 **엄마 멘토링** 】 – 아이들의 인성계발과 성격힐링에 매우 효과적이기 때문에 반드시 자녀에 대한 선생님과의 심리상담과 의견교환이 필요하다.

【 **선생님 멘토링** 】 – 아이들의 교우관계, 학습, 행동성향 등을 관찰하기 위해서는 반드시 자녀의 엄마의 도움이 필요하기 때문에, 아이의 심리상태를 수시로 교환해야 한다.

7-2 우리아이 성격(유형) Test

엄마 멘토링에서 가장 중요한 분야는 아이들의 성격과 품성 등의 인성계발 멘토링이다. 아이들의 성격은 심리적 갈등, 행동, 교우관계, 왕따 등의 문제가 성격 형성과 행동성향에 많은 영향을 준다

아이들에게는 사람(부모, 친구, 선생님 등)과의 어울림과 대인관계를 살펴보고, 상대방에 대한 감정, 감성, 느낌, 불만, 반항, 반발 등의 심리적 반을 찾아서 교정해 나가야 한다. 따라서 엄마의 성격 멘토링에서 성격유형과 사고유형 테스트는 아주 유용하게 활용된다.

【 목적 】 - 성격 Test

아이들의 성격성향 테스트는 엄마 멘토링에 있어서 매우 중요하다. 왜냐하면 아이들의 문제는 대부분이 성격성향에서 나타나기 때문이다, 따라서 아이들의 성격분석과 성격테스트는 멘토링 과정에서 최우선이며, 여기서는 색채미술카드를 이용하여 성격테스트를 진행하는 방법과 성격힐링 방법을 제시하고자 한다.

【 명제 】 - 우리아이의 성격은 어떤 성향일까?

아이들의 성격은 3가지 유형, 즉 타고난 내면성격, 습성으로 익힌 습성성격, 현재 행동으로 표출하는 행동성격이 있는 데, 이를 심리테스트로 풀어나가는 다양한 방법들이 있다.

여기서는 색채미술카드를 이용하여 아이들의 현재 행동성격을 테스트하는 방법을 알아보고자 한다. 행동성격은 현재 가장 강하게 작용하는 행동성향을 나타낸 것이므로, 모든 행동과 행위는 이러한 행동성향으로부터 시작되고, 발생된다고 할 수 있다.

【 성격 테스트 순서 】- 색채미술카드 이용법

엄마 멘토링을 위한 "성격 테스트"는 엄마가 간단하게 실시하는 것으로 다음과 같은 순서대로 진행한다.

1. 색채미술카드에서 "육원색(6장) 카드"를 골라낸다.

2. 아이에게 6장의 카드 중에서, 1장의 색상카드를 선택하도록 한다.

3. 선택된 심리카드의 색상은 아이의 행동성향을 나타낸다.

4. 성격테스트 색상풀이표에서 상담을 진행하면 된다.

【 색채심리 해석법 】- 색채 성격 풀이표

성격유형은 오성의 강한 기운을 야기함으로써 격한 행동이나 돌발 행위들이 나타나기 때문에, 이를 교정하고 수정해 나가는 방법이다.

엄마 멘토링(1) : 성격유형 풀이표

색의 종류	상세 설명
• 파랑 • 빨강 • 노랑 • 초록 • 검정 • 흰색	• 단순판단형 : 단순 생각 • 신중고민형 : 고민 평가 • 내면고집형 : 내면 구분 • 심사숙고형 : 상호 비교 • 순간도전형 : 감성 결정 • 적극행동형 : 능동 행동

【 상담 사례 】- 성격성향 상담법 (성격힐링법)

만약, 선택된 카드가 "흰색"이라고 한다면, 현재 아이의 성격성향은 적극 행동형 타입이며, 능동적인 행동과 생각을 가지고 있기 때문에, 성급한 행동이나 적극적인 사고로 인하여 문제가 발생될 가능성도 있으니, 조심해야 한다.

07 MENTORING

7-3 우리아이 감정(오성) Test

아이들에게 현재 표출하는 행동은 주로 감정을 유발하는 오성(본성, 심성, 이성, 감성, 각성)의 작용과 반응에 의한 것이기 때문에, 순간적인 감정과 심리작용이 항상 안정된 상태로 유지시키는 것이 중요하다.

아이들이 표현하는 돌발적인 행동, 불평, 불만, 반항, 반발 등은 대부분이 욕구불만이나 부족으로 발생되며, 순간적인 환경과 여건의 불만족으로 폭발하는 경우가 많다.

【 목적 】 - 감성과 오성 Test

아이들은 오성(본성, 심성, 이성, 감성, 각성)의 작용과 반응이 행동으로 나타나기 때문에, 현재 행동하는 성향을 테스트 하면, 아이의 감정을 읽을 수 있다.

현재 표출하고 있는 행동을 살펴보면, 아이의 오성 작용과 반응을 알 수 있으며, 이러한 강한 기운의 작용과 반응이 빈번해 지면, 이들 오성이 습성이 되어 성장 후에는 습성심리로 작용하기 때문에 바람직하지 않다.

【 명제 】 - 오늘은 어떤 감정을 가지고 있을까?

아이들의 행동 성향은 일반적으로 오성의 작용과 반응이기 때문에, 환경과 여건에 의해 많은 영향을 받는다. 그러므로 오성의 균형이 안정적이어야 감정의 변화와 돌발행동이 발생되지 않는다.

오성의 상호작용은 10장에서 상세히 다루도록 할 것이며, 현재 나타나는 아이들의 감정과 느낌, 불만과 불평, 반항과 반발 등의 행동은 미리 교정하고, 수정해 나가야 할 것이다. 따라서 수시로 아이들의 감성 테스트를 실시하는 것은 성격형성에 좋은 결과를 가져올 수 있다.

【 감정 테스트 순서 】 - 색채미술카드 이용법

1. 색채카드를 잘 섞어, "오방색(5장)카드"를 골라낸다.
2. 골라 낸 5장의 카드 중에서, 1장의 색상카드를 선택하도록 한다.
3. 선택된 심리카드의 색상에 따라, 우리아이의 현재 오성(본성, 심성, 이성, 감성, 각성)의 반응도를 나타내며, 5가지 오성 중에서 선택된 특성이 가장 강하게 작용하고 있음을 나타낸다.
4. 오성 중 선택된 특성을 부드럽게 하거나, 행동을 자제시키는 것이 바로 멘토링이다.

【 색채 해석법 】 - 색채카드 풀이법

감성테스트는 오성의 강한 기운이 순간적인 상황에 따라, 격한 행동이나 돌발 행위들로 나타나기 때문에 이를 수정하고 교정해야 한다.

엄마 멘토링(2) : 감정과 오성 풀이표

색의 종류	상세 설명
• 노랑	• 본성 (강) : 본성이 격함(자제력)
• 빨강	• 심성 (강) : 반응 행동(강), 운동
• 흰색	• 이성 (강) : 냉철한 판단(비교)
• 검정	• 감성 (강) : 감정이 민감(인내력)
• 파랑	• 각성 (강) : 두뇌 기운(강), 공부

【 상담 사례 】 - 감정과 오성 상담법 (감정 힐링법)

만약, 선택된 카드가 "빨강색"이라고 한다면, 현재 아이의 감정은 극단적인 돌발행동으로 이어질 수 있기 때문에, 마음이 들지 않는 심리상태가 유지되면, 돌발행동이나 사고로 이어질 수 있으니, 조심해야 한다.

07
MENTORING

색채미술 심리카드로 푼

7-4 우리아이 재능(예능) Test

아이들의 타고난 재능과 예능 능력을 테스트하는 것이 아니라, 아이들의 예능과 재능 능력을 배양하기 위한 것이 주목적이다. 아이들의 부족한 예능, 재능, 운동, 음악, 미술 등의 분야에 족한 능력을 학습력을 배양하여 학습효과를 높이는 방법이다.

아이들의 예능과 재능을 테스트하는 것은 현재 가장 잘 할 수 있다고 생각되는 예능과 재능이 무엇인지를 푸는 것이며, 이러한 재능과 예능 테스트를 통해 재능 능력을 향상시키고자 하는 것이다.

【 목적 】 - 재능과 예능 Test

예능과 재능 테스트는 아이들이 가지고 있는 잠재적인 능력을 발휘할 수 있도록 하기 위함이다. 아이들은 잠재적인 재능과 예능 능력을 가지고 있다고 하더라도, 이를 계발하고 발전시키지 못하면 소용이 없을 것이다.

아이들의 예능과 재능은 타고난 능력도 있지만, 노력하지 않는 이상 **충분한 재능**을 발휘할 수 없다. 따라서 재능과 예능 테스트는 잠재적 능력을 발휘할 수 있도록 돕는 것이 엄마 멘토링법이다.

【 명제 】 - 우리아이는 어떤 재능을 가지고 있을까?

아이들의 재능은 타고난 선천적 재능과 노력과 연습으로 습득한 후천적 재능으로 대별되는 데, 선천적 재능과 후천적 노력이 합쳐지면, 아주 좋은 능력을 발휘할 수 있고, 좋은 결과를 얻을 수도 있을 것이다.

따라서 부모가 재능이나 예능의 능력을 가지고 있다면, 아이가 같은 재능을 부여받을 수 있도록 멘토링 하는 것이 태교법이다. 후천적 멘토링의 경우에는 수시로 재능테스트를 실시하여 연습과 노력을 통해 재능을 충분히 발휘할 수 있을 것이다.

【 재능 테스트 순서 】- 색채미술카드 이용법

1. 색채카드를 잘 섞어, "팔방색(8장)카드"를 고른다.
2. 펼쳐진 팔방색(8장) 중에서 1장의 색상카드를 선택하도록 한다.
3. 선택된 카드의 색상에 따라, 우리아이가 현재 가장 잘 할 수 있는 예능과 재능을 푼다.
4. 현재의 재능심리를 선택하여, 지속적으로 "재능 학습과 노력"을 하면 좋은 결과를 얻을 수 있을 것이다.

【 색채 해석법 】- 색채카드 풀이법

재능테스트는 운명적으로 타고난 선천적 특성이 아니기 때문에, 현재 재능을 발휘하고 싶은 것을 선택하여, 지속적인 연습과 노력으로 좋은 결과를 얻기 위함이다.

엄마 멘토링(2) : 재능과 예능 풀이표

색의 종류	상세 설명
• 연회색 • 연빨강 • 연홍색 • 연노랑 • 연두색 • 연하늘 • 연남색 • 연보라	• 외국어 : 통역, 여행 • 컴퓨터 : 게임 선수 • 운동선수 : 운동, 디자인 • 과학기술 : 손재주, 미술 • 방송 : 아나운서, 예능 • 리더 : 웅변, 음악 • 경영 : 무용, 춤 • 사회복지 : 봉사, 요리

【 상담 사례 】- 재능과 예능 상담법 (진로상담법)

만약, 선택한 카드가 "연하늘색"이라면, 현재 아이가 발휘하고 싶은 재능은 "웅변이나 음악"이기 때문에, 엄마와 함께 웅변을 연습하거나 음악을 즐기는 방법은 좋은 멘토링법이 될 수 있다.

PART 08

Drawing Book 심리테스트

8-1. Drawing Book을 이용한 심리 Test

8-2. 우리아이 대인심리 Test

8-3. 우리아이 욕구심리 Test

8-4. 우리아이 학습심리 Test

8-5. 우리아이 희망심리 Test

8-1. Drawing Book을 이용한 심리 Test
8-2. 우리아이 대인심리 Test
8-3. 우리아이 욕구심리 Test
8-4. 우리아이 학습심리 Test
8-5. 우리아이 희망심리 Test

MENTORING

Drawing Book 심리테스트

8-1 Drawing Book을 이용한 심리 Test

Drawing Book(드로잉북)이란 아이들의 색채미술 공부를 비롯한 심리상태를 분석하기 위해 제작된 그림책이다. Drawing Book은 BNP 수리심리학을 기반으로 만들어진 아이들의 그림공부 스케치북으로, 심리적 관심이 높은 그림을 선택하여, 아이들의 감정, 감성, 그리고 느낌에 따라 색상 선택과 색칠공부를 위한 것이다.

Drawing Book는 심리테스트 분야와 관련된 스케치 그림을 선택하고, 그려진 그림에 색상을 선택하고, 색칠하면서, 아이들의 심리를 파악하기 위한 심리도구로 사용된다.

Drawing Book은 다양한 목적으로 심리 Test를 할 수 있는 유용한 심리도구의 하나이고, "명제별, 분야별, 나이별, 단계별 유아교육"에 다양하게 적용하고, 응용할 수 있다.

명제 설정에 따른 심리테스트 종류

1. 대인심리 Test용 Drawing Book (5종 그림)	2. 욕구심리 Test용 Drawing Book (5종 그림)
3. 학습심리 Test용 Drawing Book (5종 그림)	4. 희망심리 Test용 Drawing Book (5종 그림)

위의 그림에서처럼, 심리테스트 명제에 따른 Drawing Book 심리테스트의 종류를 나타낸 것이다. 각각의 Drawing Book에 그려진 그림들은 분야별 관련된 심리테스트를 위한 것이며, 심리테스트의 결과 상담법은 수리심리학 색채미술 심리테스트 이론이고, 색상 선택을 위한 도구로서 "색채미술카드와 심리테스용 크레파스"가 사용된다.

08 MENTORING

💬 Drawing Book의 역할

"엄마랑 함께하는 Drawing Book(드로잉북)"은 아이들의 다양한 심리테스트를 위한 분야별, 명제별, 단계별 스케치북 등으로 구성되어 있다. 심리테스를 할 경우, 용도별 드로잉북에서 그림을 선택한 후, 색채미술카드를 이용하여, 스케치된 그림에 색상을 선택하여, 심리테스트용 크레파스를 이용하여, 색칠해 나가는 것이다.

드로잉북 심리테스트는 아이들의 심리분석을 색채미술 심리상담법으로 풀어나가는 방법이며, 행동심리가 아니라 두뇌속의 습성심리를 통해 "아이들의 인성교육과 감정 조절, 성격 형성"과 관련된 심리를 푸는 것이다.

Drawing Book 심리도구는 아이들의 심리교정과 행동습관들을 수정하고, 교정하는 중요한 기능을 하며, 특히 어린이집(유치원)에서는 "선생님과 함께하는 멘토링 교육", 가정에서는 "엄마와 함께하는 멘토링 교육"이 동시에 가능하다.

Drawing Book의 역할과 특징

1. Drawing Book 역할 두뇌계발(자율미술공부) 인성계발 (스트레스 No)	2. Drawing Book 필요성 어린이집 유아교육시 가정에서 자녀교육시
3. 유아교육의 장점 스트레스 없는 교육 취미에 맞는 교육	4. 엄마멘토링 장점 자녀들의 인성교육 자녀와의 소통교육

대부분의 심리테스트는 "행동심리"를 분석하는 것이지만, 드로잉북을 이용한 색채미술 심리테스트는 "습성심리"를 푸는 것이기 때문에, 심리적 문제점이나 갈등, 장애, 질환 등의 심리교정이나 심리치유에 아주 중요한 심리도구가 된다. 이 심리테스트는 "인지력이 부족한 노인심리테스트"에도 좋은 효과가 있을 것이다.

Drawing Book을 이용한 심리테스트

BNP 색채미술 심리카드를 이용한 심리테스트는 여러 가지 유형인 "색채카드 행동심리 분석법과 습성심리분석법"이 있으며, 색채카드와 드로잉북(크레파스 포함)을 이용하는 색채미술 심리테스트가 있다.

상담사의 유형에 따라 아이들의 심리테스트의 종류에는 "엄마 멘토링법, 엄마 진로상담법, 선생님(쌤) 색채미술 심리상담법, 심리상담사 전문심리분석법" 등이 있다.

쌤(선생님)과 함께하는 심리테스트

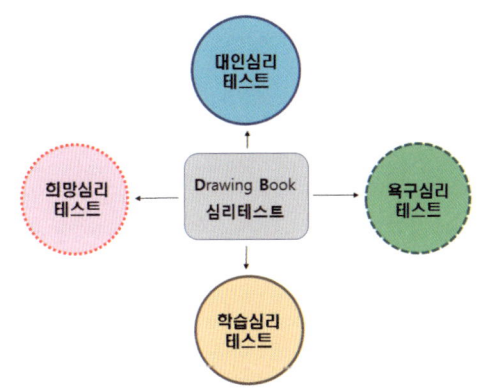

위의 그림에서처럼, 이 책에서 소개하는 드로잉북을 이용한 심리테스트는 크게 4가지 유형인 "대인심리, 욕구심리, 학습심리, 희망심리테스트"를 중심으로 풀어나간다.

【1】 대인심리테스트 - 아이들의 대인심리는 교우관계 및 인과관계에 따른 심리적 반응과 갈등, 반항, 반발 등의 심리상태를 푸는 것이다.

【2】 욕구심리테스트 - 아이들의 욕구심리는 현재의 욕구, 욕심, 희망, 소유욕 등의 심리적 작용을 푸는 것이다.

【3】 학습심리테스트 - 아이들의 학습심리는 학습과 관련된 공부심리, 두뇌심리, 재능심리, 적성심리 등을 푸는 것이다.

【4】 희망심리테스트 - 아이들의 희망심리는 하고자 하는 일이나 사건, 그리고 진로나 적성에 따른 희망과 바램의 행동심리를 푸는 것이다.

색채미술심리 상담법의 효과

색채미술 심리테스트는 아이들의 성장과 두뇌계발, 인성교육, 학습계발에 많은 도움이 될 것이다. 엄마랑 심리테스트는 아이들의 심리적 갈등과 압박, 스트레스, 욕구불만, 자격지심 등의 문제를 찾아내어, 아이들의 심리적 갈등, 심리적 문제, 심리적 장애를 극복시켜 나가도록 하는 심리치유법이라고 할 수 있다.

드로잉북을 이용한 심리테스트는 아이들의 인성계발, 재능계발 및 학습능력 향상을 위해 이용되며, 아이들에 대한 대인심리, 욕구심리, 학습심리, 희망심리 테스트를 통해 심리적 갈등을 없애는 것은 물론이고, 심리교정이나 심리장애를 극복하는 데, 좋은 효과를 나타낸다.

Drawing Book을 이용한 심리테스트 효과

심리 Test 유형	세 부 내 용
1. 대인심리 Test	아이들의 사람에 대한 대인심리 분석
2. 욕구심리 Test	아이들의 하고자 하는 욕구를 찾아냄
3. 학습심리 Test	현재 아이들의 하고자 하는 학습능력
4. 희망심리 Test	아이들의 내면적 바람과 희망 분석

드로잉북 심리테스트를 이용하면, 다른 심리테스트와는 달리 그림공부와 함께 아이들에게 그림그리기에 대한 부담을 덜고, 스트레스를 줄이며, 심리적 갈등과 압박감을 줄일 수 있는 효과가 있다.

또한 교육적인 측면에서는 두뇌계발을 촉진하고, 인성계발과 재능계발에도 도움을 주며, 학습심리를 테스트하여, 학습능력을 높이는 데에도 이용되며, 아이들의 성격형성과 성격힐링에도 좋은 효과가 있다.

📱 Drawing Book 심리테스트 활용법

Drawing Book 심리테스트는 "색채미술심리카드와 Drawing Book"을 이용하여, 아이들의 심리분석과 심리테스트를 위한 것이기 때문에, Drawing Book 지속적인 테스트와 자료의 관리하고, 보관하여 아이들의 심리작용과 반응의 흐름을 파악해야 한다.

여기서는 아이들의 대인관계, 욕구와 희망, 불만과 불평, 반항과 반발심 등을 주로 테스트하는 방법을 설명하고, 아이들의 심리적 갈등과 심리교정, 심리수정, 심리힐링을 위한 멘토링(Mentoring), 트레이닝(Training), 코칭(Coaching), 힐링(Healing)을 주목적으로 사용한다.

심리테스트용 Drawing Book의 종류

종류	내용
• 태교용	• 태아교육용
• 유아용	• 두뇌계발용
• 유치원용	• 재능계발용
• 초등용	• 학습심리용
• 미술심리용	• 심리진단용
• 노인심리용	• 심리치유용

위의 표에서처럼, Drawing Book 의 종류와 활용법은 너무나 다양하고, 광범위하지만, 이 책에서는 아이들에게 많은 영향을 주고, 엄마(쌤)가 직접 멘토링할 수 있는 범위 내에서 4가지 유형인 "대인심리, 욕구심리, 학습심리, 희망심리 멘토링법"에 대해서 설명하기로 한다.

또한 BNP 수리심리학 색채미술 심리테스트에 사용되는 Drawing Book의 종류는 여러 가지가 있지만, "태교용, 유아용, 유치원용(아동용), 초등용, 미술심리용, 노인심리용"등이 있다.

💬 Drawing Book 명제 설정하기

색채미술 심리테스트에서는 이미 스케치된 "명제별 Drawing Book"이 사용되고, 색채미술에 사용되는 Drawing Book을 선택하는 것과 색상선택 및 색칠하기에 따라 "아이의 심리 작용과 심리반응"을 풀어낸다.

Drawing Book의 명제 설정법은 아이들이 감정과 욕구, 느낌을 표출하고, 그림그리기에 대한 색상의 선택에 따라 아이의 내면심리 상태가 다르며, 또한 아이들의 습성이나 관습, 학습에 의한 감정과 행동에 대한 반응을 분석하는 것이기 때문에, 내면에 감추어진 감정을 찾아내기 위해서는 명제설정이 매우 중요하다. 다음의 표는 용도별 명제설정과 Drawing Book 심리테스트 절차와 순서를 나타낸 것이다.

명제설정 : 어떤 명제를 선택할 것인가? (상담)

명제	
	• 대인심리용 : 가장 관심 있는 사람
	• 욕구심리용 : 현재 하고 싶은 일과 놀이
	• 학습심리용 : 공부나 학습에 대한 관심도
	• 희망심리용 : 가장 가지고 싶은 물건이나 소품

명제설정 방법 : Drawing Book 명제설정 순서

명제 선택법	
	1. 매일 4종의 명제를 바꾸어 가면서, 명제를 선택하라.
	2. 명제에 해당하는 Drawing Book 선택을 선택하라.
	3. 선택된 그림에 해당하는 Drawing Book을 펴라.
	4. 선택된 Drawing Book에 날짜(시간)를 기록하라.
	5. 매뉴얼에 따라 색채미술카드로 색상을 선택하라. (항상 가장 먼저 선택하는 색상은 바탕색이다)
	6. 선택된 색상에 따라, 그림에 색칠하도록 하라.

색채미술 심리카드로 푼

8-2 우리아이 대인심리 Test

대인심리는 아이들이 사람(부모, 친구, 선생님 등)을 대하는 능력과 상대방에게 표출하는 감정, 감성, 느낌, 불만 등의 상대적 반응심리를 말한다.

아이들의 대인심리의 작용과 반응은 크게 2가지 유형이 있는 데, 하나는 가정에서의 일방적인 반응행동과 다른 하나는 어린이집(유치원)등에서 상호간에 표출하는 대인심리 작용과 반응이 있다.

【 목적 】- 대인심리 Test

대인심리 테스트에서 선택된 인물(사람)은 명제에 따라 "상대적인 반응, 좋은 모습 vs. 나쁜 모습, 칭찬 vs. 꾸지람"등에 대한 반응과 행동을 표출하기 때문에, 반응에 대한 이유와 원인을 찾아내는 것이다.

여기서 대인심리 테스트는 상대방과의 상호작용에 의한 심리적 작용과 반응, 그리고 행동성향을 관찰하여, 아이들의 사회 적응력, 교우관계, 배려성, 화합성, 유화성 등을 높이는 심리교정 프로그램이다.

【 명제 설정 】- 가장 생각나는 사람은 누구일까?

여기서 다루는 대인심리는 Drawing Book을 이용한 심리테스트 이므로, 현재 아이들의 오성을 자극하는 대상(인물)을 선정하고, 이 사람에 대한 대인심리을 풀어나가는 방식이다.

대인심리의 명제 설정은 현재 아이들에게 심리적 작용과 반응의 대상이 누구인지를 선정해야 하기 때문에, "엄마나 선생님"들이 명제설정에 관여해야 한다.

명제설정에는 2가지 유형인 "긍정적 명제와 부정적 명제"를 구분하여, 적용해야 하고, 부정적인 명제의 경우에는 "반어법"을 적용한다.

【 심리테스트 순서 】- 대인심리 테스트 절차

1. 대인심리 명제를 설정한다.
2. 대인심리는 긍정적(좋은 감정) & 부정적(반발 감정) 명제이다.
3. 대인심리용 Drawing Book을 펼치도록 한다.
4. 대인심리용 대상인물 중에서 한사람을 선택하도록 한다.
5. 색채카드를 이용하여, 대상 인물의 옷 색을 선택하도록 한다.
6. "오방색(5장) 카드"를 사용한다.
7. 자유롭게 색칠을 하도록 한다.

【 Drawing Book 】- 대인심리 테스트용 선택

대인심리 테스트용 Drawing Book (명제 선택화면)

• 엄마	• 아빠	• 동생
• 친구	•할아버지 & 할머니	• 선생님 생각

※ 가장 그리고 싶은 사람(인물)을 선택하세요?

※ Drawing Book에서 선택된 대상인물에 색칠을 한다.

MENTORING

【 색채 해석법 】- 대인심리 풀이법

대인심리 테스트에서는 명제를 선택하고, Drawing 선택화면에서 대상인물을 선정하고, 선택된 Drawing Book에서 대상인물에 대한 모습(옷, 전체)을 색칠할 색상을 선택한다.

대인심리 풀이법은 우선 "대상인물"을 선정하고, 대상인물에 대한 옷이나 모습을 색칠하는 색상의 선택에 의한 색채심리를 적용하는 방법이다.

대인심리 풀이법 (Drawing Book 선택)

색의 종류	상세 설명
• 노랑	• 무섭다 : 마음을 풀어 주자
• 빨강	• 화난다 : 원인을 파악하자
• 흰색	• 기쁘다 : 어떤 일이지 알아보자
• 검정	• 밉다 : 어떤 일이 생겼는지?
• 파랑	• 짜증나다 : 이유가 뭘까?

【 심리상담 사례 】- 대인심리 상담법 (심리상담법)

대인심리 상담법은 우선 대상인물에 대한 감정(좋은 경우와 나쁜 경우)표현일 수 있으며, 상대적 대인심리 행동을 나타내는 것이기 때문에, 가정에서의 엄마나 어린이집(유치원)에서의 선생님들에게 아이들의 심리상태를 분석하는 것은 매우 중요하다.

특히 대인심리의 경우, 누구를 미워하거나, 두려워하거나, 무서움을 느낄 때에는 "엄마는 선생님에게, 선생님은 엄마에게" 아이의 대인심리 상태를 교감하고, 소통하여, 심리를 교정해 나가는 방법은 아이들의 인성교육 프로그램으로 매우 유용하다.

8-3 우리아이 욕구심리 Test

욕구심리는 현재 아이가 가장 가지고 싶은 것(물건), 가장 바라는 생각(희망), 하고 싶은 것(놀이) 등의 심리상태를 말하지만, 여기서는 하고 싶은 일(놀이)에 대해서 살펴본다.

욕구심리는 주로 가정에서 엄마의 역할이 중요하며, 아이들의 욕구를 충족시키지 못하면, "불평, 불만, 반항, 반발"등의 심리상태를 표출하기 때문에, 심리적 상태를 안정시키는 것이 중요하다.

【 목적 】 - 욕구심리 Test

욕구심리 테스트에서 아이들의 욕망, 욕심, 희망에 따라 현재 "하고 싶은 일" 등에 대한 심리적 반응과 행동이기 때문에, 이를 해소해 나가는 것은 매우 중요하다.

여기서 욕구심리 테스트는 아이들의 욕구불만에 따르는 "반항, 반발, 불평, 불만"등의 행동으로 표출되면, 심리적 갈등과 불안이 축적되어 아이들의 올바른 인성교육에 도움이 되지 않는다.

【 명제 설정 】 - 지금 무엇을 가장 하고 싶은 가?

욕구심리 테스트는 "욕구 충족이냐? 아니면 욕구 해소냐?"를 결정하는 것이나 다름없기 때문에, 아이들의 강한 욕구는 충족이 필요하고, 관심과 희망의 경우에는 설득이 필요한가를 판가름하는 상담법이다.

대인심리의 명제 설정은 "꼭 필요한가? 있으면 좋은 가? 없어도 괜찮은가?"를 구분하는 방법이기 때문에, 엄마의 명제 설정을 위한 멘토링 상담법이 매우 중요한 과제이다.

색채미술 심리카드로 푼

[심리테스트 순서] - 욕구심리 테스트 절차

1. 욕구심리 명제를 설정한다.

2. 욕구심리는 "욕구 불만과 욕구 충족"을 위한 명제이다.

3. 욕구심리용 Drawing Book 선택화면을 펼치도록 한다.

4. 욕구심리를 충족할 물건(제품)이나 일을 선택하도록 한다.

5. 하고 싶은 일(놀이 등)을 그릴 색상을 선택하도록 한다.

6. "삼원색(3장) 카드"를 사용한다.

7. 자유롭게 색칠을 하도록 한다.

[Drawing Book] - 욕구심리 테스트용 선택

욕구심리 Test용 Drawing Book (명제 선택화면)

• 게임	• 소풍	• TV만화
• 놀이터	• 놀이공원	
		BNP Psychology

※ 지금 가장 하고 싶은 것을 선택하세요?

※ Drawing Book에서 선택한 하고 싶은 일에 색칠을 한다.

【 색채 해석법 】- 욕구심리 풀이법

욕구심리 테스트에서는 명제를 선택하고, Drawing 선택화면에서 하고 싶은 일을 선정하고, 선택된 Drawing Book에서 하고 싶은 일이나 물체를 색칠할 색상을 선택하기 위해 색채카드를 이용한다.

욕구심리 풀이법은 우선 "하고 싶은 일"을 선정하고, 하고자 하는 사물이나 물체(형체)를 색칠할 색상을 선택하여, 그림을 그리도록 하는 색채심리 상담법이다.

욕구심리 풀이법 (Drawing Book 선택)

색의 종류	상세 설명
• 파랑 • 빨강 • 노랑	• 필요 희망 : 두뇌개발(필요성 멘토) • 강한 욕구 : 욕구 불만 (충족 필요) • 소유 관심 : 목적 불분명(소유욕)

【 임리상담 사례 】- 욕구임리 상담법 (임리상담법)

욕구심리 상담법은 "하고자 하는 일, 하고 싶은 일"등의 욕구의 정도를 파악하기 위한 것으로, 현재 아이가 하고자 하는 일, 게임, 공부, 놀이 등의 다양한 그림을 그려 놓은 Drawing Book을 이용하는 방법이다.

욕구심리 테스트에서 나타난 "하고 싶은 일(예 : 놀이공원)"에 대한 아이들의 욕구와 희망에 대한 욕구정도를 알아보는 방법이다. 만약 강력한 의지와 욕구 충족을 바라는 "빨강색 선택"의 경우에는 욕구에 따른 불만과 불평이 가득하기 때문에, 엄마 멘토링의 경우 "바로 놀이공원으로 가든지, 아니면 가족이 함께 약속 날짜를 정하고, 놀이공원 소풍"을 계획하고, 약속함으로써, 아이들의 욕구심리를 완화시켜 주는 것이 좋다.

MENTORING

색채미술 심리카드로 푼

8-4 우리아이 학습심리 Test

학습심리는 부모가 아이들에게 가장 많은 관심분야 중의 하나이며, 학습효과를 위한 학습심리 테스트는 공부와 학습에 대한 느낌과 심리적 반응을 찾아내어 학습의욕과 효과를 높여주는 것은 방법이다.

학습 의욕과 학습효과를 높이기 위해서는 "공부를 하고자 하는 상태, 학습 두뇌활동의 활성화 정도, 학습과 재능활동의 욕구"등이 높아지고, 학습과 공부에 대한 집중력과 공부에 대한 관심이 높여주는 방법이다.

【 목적 】- 학습심리 Test

학습심리 테스트는 아이들의 학습에 대한 "두뇌활동, 학습심리상태, 공부(재능)에 대한 관심과 집중력"등이 얼마나 좋은 지를 알아보는 방법이다. 따라서 학습에 대한 심리상태와 공부에 대한 집중력과 관심도에 따라 학습효과에는 많은 차이가 나타난다.

원래 아이들의 학습효과를 높이고, 공부심리가 강화되면, 당연히 학습효과노 뛰어날 것이다. 따라서 학습심리 테스트는 타고난 학습두뇌, 현재의 두뇌활동 상태, 학습내용(재능)에 대한 심리적 집중력을 높이기 위해 이용된다.

【 명제 설정 】- 지금 어떤 공부(학습내용)를 하면 좋을까?

학습심리 테스트는 아이들이 지금 어떤 공부(재능 포함)를 하고 싶은 마음이 있을까? 아니면 학습에 대한 두뇌활동은 활발한가? 공부를 하고자 하는 관심과 의지는 어느 정도인지?를 측정하는 방법이다.

학습심리의 명제설정은 "지금 어떤 공부(재능, 학습내용)를 하면 좋을까?" 라는 과제를 두고, 테스트하면 좋다. 예를 들어 공부는 해야 하는 데, 공부가 잘 안되고, 집중력도 떨어지는 이유와 원인을 푸는 것이다.

08 MENTORING

【 심리테스트 순서 】- 학습심리 테스트 절차

1. 학습심리 명제를 설정한다.

2. 학습심리는 "공부에 대한 관심과 집중력"을 위한 명제이다.

3. 학습심리용 Drawing Book 선택화면을 펼치도록 한다.

4. 학습을 하고자 하는 과목(과정)을 선택하도록 한다.

5. 하고자 하는 학습내용을 그릴 색상을 선택하도록 한다.

6. "구기색(9장) 카드"를 사용한다.

7. 자유롭게 색칠을 하도록 한다.

【 Drawing Book 】- 학습심리 테스트용 선택 화면

학습심리 Test용 Drawing Book (명제 선택화면)

• 책읽기	• 운동	• 태권도
• 그림	• 음악	
		BNP Psychology

※ 지금 무엇을 배우고 싶어요?

※ 선택한 Drawing Book에서 색상을 선택하여, 색칠을 한다.

【 색채 해석법 】- 학습심리 풀이법

학습심리 테스트에서는 명제를 선택하고, 학습심리용 Drawing 선택화면에서 "하고 싶은 공부"를 선정하고, 선택된 Drawing Book에서 하고 싶은 공부내용에 색칠할 색상을 선택하기 위해 색채카드를 이용한다.

학습심리 풀이법은 우선 "하고 싶은 공부활동(재능 활동)"을 선정하여 색칠할 색상을 선택하고, 그림을 그리도록 하는 색채심리 상담법이다.

학습심리 풀이법 (Drawing Book 선택)

색의 종류	상세 설명
• 흰색	• 안됨 : 그림공부 하도록 하자
• 빨강	• 아주 잘됨 : 공부하도록 하자
• 주홍	• 아주 안됨 : 놀도록 하자
• 노랑	• 잘 됨 : 공부하도록 하자
• 초록	• 잘 됨 : 재능공부 하도록 하자
• 파랑	• 아주 안됨 : 장난감 가지고 놀자
• 남색	• 아주 안됨 : 친구랑 놀도록 하자
• 보라	• 잘 됨 : 그림공부 하도록 하자
• 검정	• 잘 됨 : 공부하도록 하자

【 심리상담 사례 】- 학습심리 상담법 (심리상담법)

학습심리 드로잉북은 현재 하고자 하는 공부 및 학습활동과 재능활동을 통한 학습두뇌 활동도를 풀어내어, 학습능률 향상과 학습 집중력을 분석하는 데 사용된다.

학습심리 테스트는 아이에게 나타나고 있는 "재능활동, 학습활동, 놀이활동" 등을 분석하여, 현재의 두뇌활동에 맞는 학습활동을 선정하고, 학습효과와 학습 집중력을 높이기 위한 목적이다.

색채미술 심리카드로 푼

8-5 우리아이 희망심리 Test

희망심리는 아이들이 싫어하는 공부나 일 등은 많은 스트레스를 증가시키고, 심리적인 압박을 받게 되므로, 하고 싶은 일, 재능이나 공부에 관심을 가지면, 의욕이 증대되기 때문에, 이러한 심리작용과 심리반응에 어울리는 관심과 희망을 말한다.

아이들의 희망심리는 욕구와 소유욕에 의해 결정되기 때문에, 아이들의 욕구 불만과 불만족 등의 욕구를 충족시키고자 하는 마음을 말한다. 따라서 희망심리는 아이들의 욕구심리와도 일치하는 경우가 많기 때문에, 이를 잘 활용하게 되면, 욕구 부족현상과 희망심리를 동시에 제거해 나갈 수 있는 탁월한 힐링법이 될 수 있다.

【 목적 】- 희망심리 Test

희망심리는 아이들이 "욕구를 충족하지 못한 상태나 욕구 불만족 심리상태"에서 아이들의 "희망과 욕구 불만"에 해당하는 심리상태로서, 아이들이 요구하는 일이나 희망사항들을 해소하고자 하는 마음을 말한다.

아이들의 희망심리는 주로 상대적인 심리의 작용으로 비교성이나 차별성에 따라 부족하다고 판단될 때, "욕구불만"행동이 나타나고, 심리적 희망과 바램으로 욕구를 충족하기 위한 행동이나 행위를 나타낸다.

【 명제 설정 】- 가장 가지고 싶은 물건은 무엇일까?

희망심리 테스트는 아이들이 현재 "소유하고 싶은 것, 하고 싶은 일, 하고 싶은 놀이"등을 찾아내고, 아이의 마음을 읽어내는 방법이다.

희망심리의 명제설정이 "가장 필요하고, 가지고 싶은 물건"에 대한 소유욕을 충족시키기 위한 과제를 선정하여 아이가 바라는 것이 무엇인지 알 수 있다.

08 MENTORING

색채미술 심리카드로 푼

【 심리테스트 순서 】 - 순서대로 진행해 보세요

1. 희망심리 명제를 설정한다.

2. 희망심리는 "가장 가지고 싶은 물건"을 찾는 명제이다.

3. 희망심리용 Drawing Book 선택화면을 펼치도록 한다.

4. 학습을 하고자 하는 과목(과정)을 선택하도록 한다.

5. 하고자 하는 학습내용을 그릴 색상을 선택하도록 한다.

6. "팔방색(8장) 카드"를 사용한다.

7. 자유롭게 색칠을 하도록 한다.

【 Drawing Book 】 - 희망심리 테스트용 선택

희망심리 Test용 Drawing Book (명제 선택화면)

• 옷	• 장난감	• 휴대폰
• 가방	• 신발	
		BNP Psychology

※ 가장 가지고 싶은 물건 선택하세요?

※ Drawing Book에서 선택한 그림에 색칠한다.

【 색채 해석법 】 - 희망심리 풀이법

희망심리 풀이법 (Drawing Book 선택)

색의 종류	상세 설명
• 진파랑 • 진빨강 • 진노랑 • 진회색	• 생각 차이 : 이기심이 생김 (자랑하고 싶어) • 우유 부단 : 결단력이 부족 (남들이 있으니) • 욕구 불만 : 시기심이 발생 (나만 없어) • 자격 지심 : 자신감이 부족 (두려움을 가짐)

【 심리상담 사례 】 - 희망심리 상담법 (심리상담법)

희망심리 드로잉북은 현재 아이들이 나타내는 소유욕, 욕심, 욕구 등을 표출하는 행동이나 행위, 부족감을 충족시키고자 하는 심리도구이다.

희망심리 테스트는 가지고는 싶지만, 가지고자 하는 마음은 다르게 나타나기 때문에, 이러한 심리적 반응을 관찰하는 것이다.

희망심리 테스트에서는 아이들이 아직 스스로 인지하고, 판단하고, 결정할 수 있는 시기가 아니기 때문에, 가지고 싶은 물건이라고 하더라도, 심리적 작용과 반응이 달라지기 때문에, 이러한 소유욕, 욕심, 희망 등을 관찰하여, 아이에게 좋은 인성을 계발해 나갈 수 있을 것이다.

만약, "드로잉북 옷과 진회색 색상"을 선택하였다고 한다면, 이 아이는 좋은 옷(혹은 새옷)을 부모가 사 주기를 바라는 마음이지만, 실제로 자신감이 부족하여, 엄마에게 말하거나, 요구하지 못한 상태이며, 또한 엄마 혹은 부모가 무서워서, 두려워서 "새 옷을 사 달라"라고 하지 못하는 심리상태인 것이다.

PART 09

진로상담 멘토링법

9-1. 진로상담 멘토링법이란?

9-2. 사고성향·행동성향 Test

9-3. 두뇌특성·학습능력 Test

9-4. 학습힐링·공부시기 Test

9-5. 대학선택·전공선택 Test

9-6. 취업상담·직업상담 Test

9-1. 진로상담 멘토링법이란?
9-2. 사고성향·행동성향 Test
9-3. 두뇌특성·학습능력 Test
9-4. 학습힐링·공부시기 Test
9-5. 대학선택·전공선택 Test
9-6. 취업상담·직업상담 Test

MENTORING

09

진로상담 멘토링법

9-1 진로상담 멘토링법이란?

진로상담 멘토링은 아이에게는 아주 중요한 미래를 설계하는 것이기 때문에, 색채미술 심리상담법으로 판단하기는 아주 곤란한 측면이 많다. 왜냐하면, 현재 아이의 진로에 대한 관심과 희망, 그리고 환경과 여건에 따라 바뀌기 때문에, 이러한 순간적인 심리상태를 미래를 결정하는 것은 바람직하지 않다.

따라서 진로상담 멘토링은 현재의 엄마 진로상담 멘토링법은 "수리심리학 진로상담법"에 따른 진로방향과 계획에 따라 심리적 작용과 반응을 이러한 진로방향에 맞추도록 "심리교정, 심리수정, 심리힐링"을 위해서 색채미술 심리상담법을 이용해야 한다.

BNP 진로상담 멘토링 Procedure

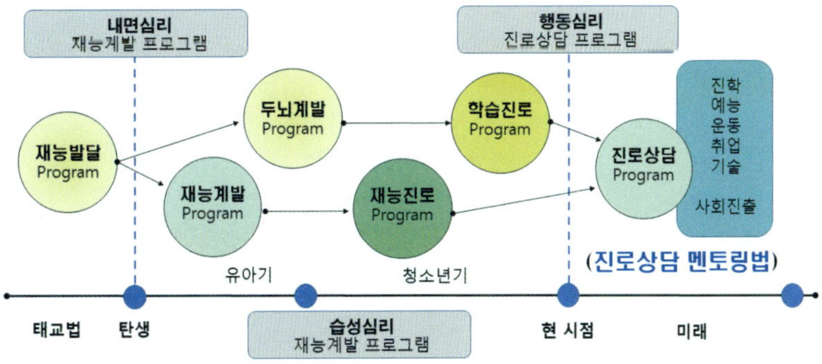

위의 그림에서처럼, 아이들의 진로는 성장해 가면서 수시로 진로방향과 진로수정이 이루어지고 있다. 이러한 진로는 여러 가지 요인들이 있다.

진로상담 멘토링법은 아이와 자녀들의 가업, 재능, 적성, 취미, 목표 등을 종합적으로 최적의 진로를 선택하고, 아이들이 정해진 진로방향을 향해 환경과 여건에 따라 심리적 작용과 진로방향에 따라 학습활동과 재능활동을 진행할 수 있도록 하는 것이 주목적이다.

09 MENTORING

색채미술 심리카드로 푼

💬 진로상담의 중요성

아이들의 진로방향을 설정하고, 계획하는 것은 성장과정에서 아주 중요한 역할을 한다. 아이들의 진로는 정해진 것이 아니라 성장과정과 재능활동, 개인의 노력에 따라 계속 변하기 때문이다.

진로선택은 성인이 된 후, 직업이나 취업, 직장과 직결된 것이기 때문에, 부모의 능력과 학력, 가정의 환경과 여건, 아이의 재능과 적성, 주변 인연의 영향, 부모의 바램과 목적에 따라서도 모두 다르게 진행된다.

진로선택법 (요약)

진로 방향	선택 가능성
1. 가업길	부모의 가업이나 직업에 따라 선택
2. 재능길	아이의 타고난 재능(내면심리)에 따라 결정
3. 인생길	가장 쉽고, 편한 길 선택 (습성심리)
4. 운명길	개인의 특성과 적성에 따른 진로 선택
5. 인연길	인연(선생님, 부모, 지인, 멘토)의 도움 길(일)
6. 공무길	공공(대기업, 나라)등과 관련된 공무의 길

위의 그림에서처럼, 아이들의 성장과 진로는 아주 다양하게 진로방향이 결정된다. 그 중에서도 아이들의 학습활동과 재능활동은 결정적인 영향을 주게 된다.

BNP 수리심리학에서 다루는 진로상담법 측면에서 살펴보면, 아이들이 성장해가면서 가장 선호하는 진로방향과 진로상담법을 설명하고자 한다. 가장 많은 진로방향은 부모의 직업과 부모의 환경이 좌우하는 "가업길"이고, 사회적 환경에 따른 "공무길(학교, 대기업, 공공기관)"을 추구하고 있다.

전문상담사와 함께하는 진로상담 멘토링법

진로상담 멘토링법은 BNP 수리심리학에서 "진로상담법"을 필요하기 때문에, 전문교육과 도움을 받아 진로방향과 진로계획을 설정해야 한다.

진로상담에는 크게 2가지 유형이 있는 데, 하나는 전문상담사로부터 체계적인 상담결과를 통한 진로방향"을 설정하는 것이고, 다른 하나는 색채카드를 이용한 심리테스트로서 "진로방향에 맞도록 아이들의 심리교정과 심리수정, 심리힐링 교육 프로그램"을 진행하여, 훌륭한 진로목표를 달성할 수 있도록 하는 것이다.

진로상담 멘토링법 유형

종류	내용
· 진로상담 멘토링법	· 진로상담 멘토링 상담법 · 성격 멘토링 · 학습 멘토링 · 재능 멘토링
· 진로상담법	· 전문가 진로 상담법 · 전공 · 대학 멘토링 · 취업 · 직장 멘토링

진로상담은 크게 2가지 종류가 있는 데, 하나는 전문상담사에 의한 진로목표를 설정하는 방법과 다른 하나는 엄마랑 함께하는 진로상담 멘토링법이 있다.

진로목표는 "부모의 역량, 가정환경, 아이의 목표, 재능 활동, 학급 활동"등을 종합적으로 판단해야 하고, 진로상담 멘토링은 진로목표와 진로방향에 따라 목표를 달성하기 위한 심리적 반응과 행동을 수정하고, 엄마랑 함께하는 진로상담 멘토링을 진행하는 것이다.

💬 전문상담사와 함께하는 진로상담 심리테스트

진로상담의 첫 단계는 미래의 진로목표와 진로방향을 설정하고, 결정하는 것이며, 다음단계는 진로목표와 진로방향에 따라 목표달성을 위한 진로상담 멘토링법이다.

따라서 진로상담 멘토링법은 진로목표를 달성하기 위해서는 아이들의 성장과 더불어 재능계발과 학습계발을 통해, 진로목표에 맞는 학습계발 프로그램을 수행하는 것이다.

이러한 학습계발 프로그램을 진행하기 위해서 필요한 과정이 학습능률을 향상시키고, 학습효과를 높이기 위한 진로상담 멘토링 과정이 필요한 데, 이를 위한 과정으로 "진로상담 심리테스트"를 진행하여, 심리적 안정은 물론 심리적 갈등을 없애고, 목표달성을 위한 노력을 경주해 나갈 수 있도록 하는 것이다.

전문상담사와 함께하는 심리테스트

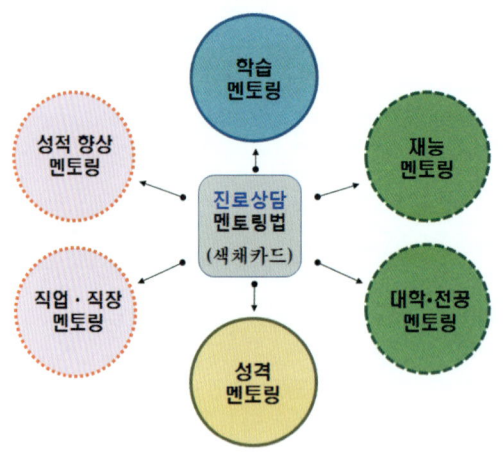

진로상담에 필요한 심리테스트에는 "학습멘토링, 재능멘토링, 성적향상 멘토링, 직업·취업 멘토링, 대학·전공 멘토링, 성격·행동 멘토링"등이 있으며, "엄마 진로상담 멘토링"으로도 가능하지만, 수리심리학의 진로상담법을 이수(공부)하여 체계적인 아이들의 진로지도하면, 좋은 결과를 거둘 수 있을 것이다.

엄마를 위한 진로상담 멘토링법 교육 프로그램

엄마에게 가장 소중한 것 중의 하나는 우리아이를 훌륭하게 잘 키우고, 성공적인 삶을 살아갈 수 있도록 진로를 지도하는 것이다. 따라서 "아이에게 가장 좋은 교육 멘토는 엄마(부모)"이기 때문에, 엄마가 직접 아이의 심리를 우선 파악하고, 멘토링, 코칭, 트레이닝 시켜나가는 방법이 바로 "엄마랑 진로상담 멘토링 상담법"이다.

엄마랑 진로상담 멘토링 양성 프로그램은 아이들의 "사고성향, 미래진로, 행동성향, 두뇌계발, 진로선택 상담법"을 배우는 과정이고, (사단법인)수리힐링상담협회에서 주관하고, 운영하는 교육원과 교육센터에서 교육을 이수할 수 있다.

엄마랑 진로상담 멘토링 과정

구 분	내 용
• 멘토링 과정	• (사)수리힐링상담협회
• 교육원 안내	• 서울, 경기, 대전, 대구, 부산 교육원 • 교육센터 설치 (추가 설치 예정)
• 지역교육센터	• 대리점 (교육센터) • 덕망을 갖춘 자 (프리랜서)
• 교육 대상	• 학부모 • 교사(유치원, 유아원), • 관심 있는 자 (심리상담, 유아교육 등)

엄마랑 진로상담 멘토링 과정은 "BNP 내면심리학" 분야이기 때문에, 체계적인 기초이론이 필요하기 때문에, 별도의 교육 프로그램을 운영하여, "엄마 멘토링"과정을 개설하고, 일반적인 멘토링 과정은 이 책속에 모두 포함되어 있다.

9-2 성격 멘토링

성격 멘토링은 아이들의 인성과 행동성향에 많은 영향을 주기 때문에, 부모가 아이들의 성격테스트와 성격 멘토링은 가장 중요한 과제이기도 하다.

성격에는 크게 3가지 유형이 있으며, 선천적 타고난 특성과 성장하면서 익힌 습성, 그리고 환경과 여건에 따라 행동하는 행동특성이 있다. 대부분의 심리테스트에 의한 성격은 "행동심리 성격성향"을 의미한다.

성격 멘토링법 개요

아이들의 성격 멘토링이 중요한 것은 초중등 학창시절의 학습심리, 성적향상 및 진로선택에도 매우 중요하기 때문에, 엄마의 멘토링에 의한 성격 멘토링은 아이들의 성격교정과 성격힐링에 아주 중요한 요소이다.

성격 멘토링의 과제는 타고난 내면성격, 성장하면서 익힌 습성성격, 환경과 여건에 좌우되는 행동성격이 있으며, 성격 멘토링에서는 3가지 유형의 성격이 있으므로, 개별 성격 멘토링법이 필요하다.

성격 멘토링의 과제

구 분	상세 내용	심리테스트
1. 내면성	타고난 내면 특성 (잠재 성격)	숫자풀이법
2. 습성	익힌 습성 (습관과 관습 성격)	습성심리 테스트
3. 행동성	행동 성격 (일시적 행동과 행위)	행동심리 테스트

이번에 개발된 "BNP 색채미술카드(개발자 : 보적)"는 습성심리와 행동심리를 동시에 풀 수 있으며, 인간의 내면 특성을 풀어낼 수 있지만, 타고난 내면심리는 "숫자풀이법 심리테스트(창시자 : 보적)"로 진행한다.

09 MENTORING

성격 멘토링법의 순서와 절차

성격 멘토링의 근본은 아이들의 사고(생각)성향과 행동성향 테스트이며, 현재 아이가 "어떤 생각을 하고 있고, 어떤 행동을 할 가능성이 있다"를 찾아내는 이론이다.

아이의 사고성향과 행동성향 테스트는 색채미술 심리카드로 쉽게 알아보는 방법이며, 현재 아이의 사고와 생각으로 행하는 잘못된 행동성향을 찾아내는 것이고, 성격 멘토링은 잘못된 생각과 행동을 좋은 생각과 행동으로 바꾸고, 수정해 나가는 방법이다.

[명제 설정] - 우리아이 성격은 어떠한가?

- 사고(생각)유형은 시시각각 환경과 여건에 따라 변하는 아이들의 사고성향과 행동성향을 말하는 데, 여기서 나타낸 잘못된 사고성향과 행동성향은 고쳐나가야 할 것이다.

- 성격에는 내면성, 습성, 행동성으로 대별되는 데, 여기서 "타고난 성격(내면성격)"은 일시적인 코칭이나 멘토링으로 교정과 수정이 불가능하기 때문에, 지속적인 "멘토링, 코칭, 트레이닝, 힐링법"을 적용해야 한다.

[테스트 방법] - 사고성향 · 행동성향 테스트

아이들의 사고성향 및 행동성향은 밀접한 관련성을 가지고 있으며, 생각과 행동은 동일한 심리작용과 심리반응을 통해 행동으로 나타난다.

모든 사고와 행동은 타고난 내면심리와 지금까지 배우고, 익힌 습성심리가 환경과 여건에 따라서 판단하고, 결정하여 행동으로 나타낸다.

심리테스트는 색채카드 상담법으로 풀며, 잘못된 성격성향과 행동성향은 심리교정과 심리힐링법에 따라 수정할 수 있다.

【테스트 순서와 절차】- 사고성향·행동성향 테스트

1. 성격 테스트는 주입식 명제를 선택하는 것이 좋다.
2. 성격 테스트는 현재의 사고성향과 행동성향을 나타낸다.
3. 명제는 "나는 어떤 성격일까?"라고 설정한다.
4. 색채카드를 육원색(6장)을 골라낸다.
5. 골라낸 6장의 색채카드를 잘 섞어, 1장의 카드를 선택하도록 한다.
6. 선택된 카드는 성격 멘토링 색상풀이표에 따라 해석한다.

【성격 분석법】- 사고성향·행동성향 분석법

성격 멘토링 색상풀이표

색의 종류	성격힐링법 해설
• 파랑 • 빨강 • 노랑 • 초록 • 검정 • 흰색	• 단순판단형, 단순사고형 • 신중고민형, 고민사고형 • 내면고집형, 편협사고형 • 심사숙고형, 비교사교형 • 순간도전형, 모험사고형 • 적극행동형, 능동사고형

【성격 상담법】- 사고성향와 행동성향 분석

- 사고성향 테스트에서 "빨강색 카드"를 선택하였다면, 현재 고민사고형 타입이기 때문에, 너무 깊이 고민하지 말고, 어연이 대처하라.

- 행동성향 테스트에서 "흰색 카드"를 선택하였다면, 지금의 행동성향은 과도한 적극성으로 인하여, 문제를 야기할 수 있는 타입이다.

- 따라서 성격 테스트를 기반으로 한 잘못된 행동을 고쳐나가기 위한 코칭, 트레이닝이나 멘토링을 통한 심리힐링법으로 좋은 성격이 형성시킬 수 있다.

9-3 학습 멘토링

학습 멘토링은 부모에게는 가장 관심이 많은 분야이고, 훌륭한 아이로 가르치기 위한 가장 중요한 멘토링 분야이다. 이러한 학습 멘토링 분야에는 학습능력을 향상하고, 성적향상을 위한 학습지도법 등이 있다.

학습 멘토링은 태아의 태교법, 유아의 두뇌계발 등도 있지만, 청소년기의 자녀들을 위한 학습능력 향상을 주목적으로 하고, 학업성적 향상은 물론 재능계발을 목적으로 아이들의 학습 효과를 높이기 위한 방법이다.

학습 멘토링법 개요

학습 멘토링법은 학습을 두뇌활동, 학습능력, 공부시기, 진로목표 등 다양한 요인들이 복합적으로 작용하여, 아이들의 학습노력을 배가시키기도 하고, 학업을 포기하기도 하기 때문에, 엄마의 학업에 대한 관심이 증대되어야 한다.

학습 멘토링법의 중요한 관점은 학업 성적에 따라 미래 진로. 즉 대학선택, 전공선택, 취업선택 등과도 직결되어 있기 때문에, 청소년기의 학창시절 학습능력 향상, 성적향상 및 진로목표 선택 등은 엄마의 멘토링에서 매우 중요하다.

학습 멘토링의 과제

과제 구분	내용
1. 두뇌계발	두뇌계발을 위한 유아교육 프로그램
2. 학습습관	초등 시절의 학습 습관 기르기
3. 성적향상	중, 고등학교 학업성적 올리기
4. 진로선택	적성에 맞는 진로선택(전공선택) 하기

09 MENTORING

학습 멘토링법의 순서와 절차

학습 멘토링의 중요한 분야는 아이들의 두뇌계발을 촉진하기 위한 학습 훈련과 학습 트레이닝이 있다. 학습 멘토링에 영향을 주는 주요 인자들로서는 기억력, 이해력, 수리력, 분별력, 인지력 등이 있다.

학습 멘토링은 학습 습관을 기르고, 학습 집중력을 높이며, 두뇌의 활동 능력을 배양하여, 학업성적을 향상시켜 나가는 것이 주목적이기 때문에, 엄마의 관심과 학습지도가 가장 좋은 효과를 나타낸다.

[명제 설정] - 공부를 잘할 수 있는 학습습관을 어떻게 바꿀까?

- 두뇌계발에서 가장 중요한 사항은 현재 두뇌의 작용과 반응들이 어떤 일, 놀이, 공부, 활동 등에 적합한지를 우선 파악하는 것이다.
- 아이들의 두뇌계발은 공부나 학습 만으론 효율적인 두뇌계발 프로그램을 진행할 수 없다. 그러므로 두뇌계발의 효율성을 높이는 두뇌의 작용과 반응에 따른 다양한 학습교육과 효과적인 활동이 필요하다.

[테스트 방법] - 두뇌계발 · 학습능력 테스트

학습 멘토링법은 아이들의 두뇌특성 계발과 학습능력을 배양하고, 향상시키는 것이 주목적이다. 여기서 두뇌계발은 유아기의 다양한 재능계발로 진행되지만, 청소년기에는 학습 두뇌활동이 가장 중요하다.

학습 멘토링에서는 공부만 잘하는 아이, 열심히 노력하는 아이가 되도록 하는 것이지만, 이보다 더 중요한 사항은 학습능력을 높이고, 학습효과를 높이는 방법일 것이다.

따라서 공부를 잘하고, 학업성적이 향상되기 위해서는 "두뇌 능력, 학습 능력, 공부 노력"이 겸비되어야 하기 때문에, 엄마랑 학습 멘토링은 아이가 공부를 잘할 수 있도록 환경을 만들고, 학습준비가 되었을 때, 학습효과를 높이고, 학습능률을 높이는 노력을 해야 한다.

【 테스트 순서와 절차 】- 두뇌계발 · 학습능력 테스트

1. 학습 멘토링은 반어법 명제를 선택하는 것이 좋다.
2. 명제는 "지금 공부를 하면, 공부가 잘 될까?"로 설정하자.
3. 색채카드에서 구기색(9장)을 골라낸다.
4. 골라낸 9장의 색채카드를 잘 섞어, 1장의 카드를 선택하도록 한다.
5. 선택된 카드는 학습멘토링 색상풀이표에 따라 해석한다.

학습 멘토링 색상풀이표

색의 종류	학습힐링법 해설
• 흰색	• 학습 두뇌활동이 저조
• 빨강	• 두뇌활동이 왕성하여, 학습효과가 좋음
• 주홍	• 학습 준비가 되지 못함
• 노랑	• 재능 두뇌활동 왕성하고, 학습효과가 좋음
• 초록	• 두뇌활동은 활발하지만, 학습준비가 부족
• 파랑	• 학습 두뇌활동이 부족함
• 남색	• 두뇌활동이 저조하고, 학습준비가 부족
• 보라	• 두뇌활동이 왕성하지만, 학습준비가 부족
• 검정	• 두뇌활동은 부족하지만, 학습효과가 좋음

【 학습힐링 상담법 】- 두뇌특성과 학습능력 분석

- 학습 멘토링 테스트에서 "빨강색 카드"를 선택하였다면, 두뇌의 학습활동이 왕성하고, 학습효과도 뛰어날 것이니, 지금부터 학업과 공부에 열정을 다해야 한다.

- 학습 멘토링 테스트에서 "파랑색 카드"를 선택하였다면, 학업 두뇌활동도 부족하고, 공부하고자 하는 준비가 부족하니, 지금은 공부를 하더라도 학습효과가 나타나질 않을 수도 있다. 그러므로 학업성적을 높이기 위해서 더 많은 노력과 학습 집중력을 키워 나가야 할 것이다.

9-4 성적향상 멘토링

성적향상 멘토링은 가장 어려운 과제 중의 하나이다. 성적향상은 아이들의 학업과 공부, 학습능력과 학습 집중력 등이 복합적으로 작용하기 때문에, 강요에 의한 성적향상은 거의 불가능하기 때문이다.

아이들의 학습과정에서 성적향상을 위한 방법은 여러 가지가 있겠지만, 성적향상을 위한 엄마의 관심과 멘토링법은 아이들의 성적향상에 큰 도움이 될 것이다.

성적향상 멘토링법 개요

성적향상 멘토링의 과제는 학습기간 동안의 학습집중력과 학습정도를 높이는 과정이기 때문에, 멘토링이나 카운슬링으로는 상당히 어려운 과제일 수 있다.

따라서 성적향상을 위해서는 "학습두뇌 테스트, 학습시기 테스트, 학습시간 조절, 학습목적 주입" 등 다양한 학습힐링법을 진행해야 한다. 여기서 가장 중요한 것은 "아이들이 공부가 잘되는 시기에, 공부를 열심히 하도록 하여 성적을 향상시키는 방법"을 설명하고자 한다.

성적향상 멘토링의 과제

과제 구분	내용
1. 학습두뇌 Test	학습 두뇌를 평가한 공부하는 법
2. 학습시기 Test	공부나 학습이 잘 되는 시기를 찾아내는 법
3. 학습시간 조절	학습 효과를 높이는 시간과 여건을 조성
4. 학습목적 주입	미래 직업, 진로방향을 설정해 나가는 법

09 MENTORING

📋 성적향상 멘토링법의 순서와 절차

성적향상 멘토링법은 아이들의 미래진로를 위하여, 필요한 학습과 공부에 집중할 수 있도록 능률적인 학습과 공부습관도 필요하지만, 대학진학과 전공선택을 위한 성적향상 프로그램이 더 중요하다.

성적향상 멘토링법에서는 BNP 색채심리카드를 이용하여, "학습시기, 공부시기, 학습능력" 향상시키는 멘토링법이 필요하다. 따라서 간단한 색채카드를 이용하여, 공부를 할 시기, 공부가 잘되는 시기, 성적이 향상되는 시기 등을 알아보도록 한다.

[명제 설정] - 성적을 향상시키려면, 어떻게 해야 할까요?

- 성적향상은 아이들이 가장 힘들어 하는 경쟁분야이고, 어릴 때부터 공부하는 습관을 익히지 못하면, 공부에 대한 관심이나 집중력이 떨어지기 때문에, 성적향상을 위한 노력은 많은 어려움이 포함된다.

- 성적이 향상되려면, 공부할 때는 집중력이 필요하고, 공부하고자 하는 학습자세와 학습습관이 필요하다. 따라서 공부가 잘되는 시기, 공부가 재미나는 시기, 집중력이 증가하는 시기를 맞추어서 공부하는 습관을 익히도록 한다.

[테스트 방법] - 성적향상 · 학습능률 테스트

아이들의 성적향상과 학습능률 향상은 "공부를 할 수 있는 때, 공부를 열심히 공부하는 것"이다. 그래야만 학습능률도 높이고, 성적향상도 이루어질 것이기 때문이다.

일반적으로 공부를 하고 싶은 아이들은 얼마나 될 것인가? 공부를 하고자 하더라도 성적을 높이는 데에는 얼마나 많은 갈등이 생기겠나? 따라서 성적향상을 이루기 위해서, 공부할 시기를 찾아 공부를 하는 것이다.

색채미술 심리카드로 푼

【 테스트 순서와 절차 】- 성적향상·학습능력 테스트

1. 명제 설정은 가능성을 가지고 풀어야 한다.

2. "언제부터 성적이 오르고, 학습효과가 나타겠는가?"로 설정한다.

3. 색채카드에서 팔방색(8장)을 골라낸다.

4. 골라낸 8장의 색채카드를 잘 섞어, 1장의 카드를 선택하도록 한다.

5. 선택된 카드는 성적향상 멘토링 색상풀이표에 따라 해석한다.

성적향상 멘토링 색상풀이표

색의 종류	상세 설명 (9장 카드)
• 흰색 • 빨강 • 주홍 • 노랑 • 초록 • 파랑 • 남색 • 보라 • 검정	• 공부가 잘 될 때, • 공부가 잘 되거나, 아예 싫어질 때(불만) • 친구와의 행동에 영향을 받음 • 친구와 놀고 싶은 상태 • 공부를 잘 안 되는 시기 • 공부가 싫은 상태 • 공부에 대한 걱정(관심)이 증대되는 시기 • 공부를 잘 할 수 있는 시기 • 공부를 열심히 하고자 하는 시기

【 성적향상 상담법 】- 성적향상과 학습능률 상담법

• 공부시기 테스트에서 "초록색 카드"를 선택하였다면, 공부를 하더라도 학습능률이 아주 부족한 상태이기 때문에, 이런 시기, 이런 때에는 공부를 강요하는 것은 학습효과를 높일 수 없다.

• 학습능률 테스트에서 "검정색 카드"를 선택하였다면, 공부를 하고자 하는 자세가 갖추어진 상태이고, 공부를 하고자 하는 마음이기 때문에, 이런 시기에는 집중적인 공부로 학습능률과 학습효과를 높일 수 있다.

9-5 전공선택 멘토링

전공선택 멘토링에서는 "내면심리, 습성심리, 행동심리 분석법"에 따라 종합적인 분석으로 결정하는 것이 중요하다. 대학을 선택하거나 전공을 선택하는 것은 대학별, 학과별 성적에 따라 달라지기 때문에, 많은 변수(환경, 여건, 성적, 적성)등을 고려해야 한다.

따라서 전공선택 멘토링법은 전문상담사의 전공목표를 미리 설정해 놓고, 그 목표를 향해 공부 스트레스로 인한 심리적 갈등을 해소하고, 열심히 학업에 열중하도록 하는 것이다.

💬 전공·진학 멘토링법 개요

전공선택은 다양한 재능, 능력, 환경, 여건, 노력, 취미 등에 따라 결정되는 것이기 때문에, 그동안의 학업, 재능, 예능 등에 따라 과제를 선정해야 한다.

그러므로 아이들의 진로목표와 전공선택을 크게 4가지 유형으로 분류되는데, 가장 많은 비중을 차지하는 가업길, 학문적 능력 발휘하는 인생길, 전문가의 의견이나 주변사람들의 조언을 통한 인연길, 개인의 특성과 재능을 이용하는 예능길을 기준으로 선택할 수 있도록 해야 한다.

전공선택 멘토링의 과제

과제 구분	내용
1. 가업길	부모의 직업, 가업과 관련된 전공선택
2. 인생길	타고난 개인의 특성과 적성에 따른 선택
3. 인연길	주변 여건과 환경에 의한 전공선택
4. 예능길	배우고, 익힌 습성과 노력에 전공선택

색채미술 심리카드로 푼

전공·진학 멘토링법의 순서와 절차

전공 선택과 대학 진학은 여러 가지 요인에 의해 결정되며, 4개의 큰 진학 방향으로 대별된다. 색채카드로 풀어가는 "전공선택 멘토링법"은 우선 "진로 목표와 전공 선택방향"을 미리 설정해 놓고, 이 방향으로 전공을 선택할 수 있도록 멘토링하는 것이다.

여기서 전공선택 멘토링법은 "진학목표"가 설정되어 있지 않다면, 우선 진학목표를 계획하고, 설정하는 것이 무엇보다 중요하다. 이러한 진학목표는 심리테스트 만으로 결정하면 안되며, 진학상담 전문상담사의 도움을 받아야만 한다.

〔 명제 설정 〕- 우리아이는 어떤 전공을 선택하면 좋을까?

- 전공선택은 진학목표와도 연관성이 있지만, 우선 학업성적도 필요하고, 또는 예능과 재능능력을 발휘해야만 가능하다. 여기서의 전공선택 멘토링은 어떤 대학이거나, 어떤 전공이라고 할지라도 전공목표를 설정하고, 그 목표를 향해 나아갈 수 있도록 멘토링 하는 것이다.

- 여기서 전공선택과 대학진학은 결정된 것이 아니기 때문에, 학습 성적도 높이고, 재능능력도 발휘할 수 있도록 엄마 멘토링 프로그램이기 때문에, 많은 관심과 더불어, 환경과 여건을 만들어 주어야 한다.

〔 테스트 방법 〕- 전공선택·대학진학 멘토링법

전공선택 멘토링법은 우선 타고난 재능과 전공선택 목표를 미리 설정하고, 학습능력을 향상하고, 재능능력도 향상시키는 멘토링을 말한다.

대학진학 멘토링의 경우에는 특별한 재능능력은 가지지 못한 경우에 주로 이용되는 데, 이 때 가장 중요한 사항은 학업성적이지만, 전공 선택에는 적성에 맞고, 관심이 많은 학과를 선택해야 한다.

색채미술 심리카드로 푼

【 테스트 순서와 절차 】 - 전공선택 · 대학진학 테스트

1. 명제 설정은 진학목표를 미리 설정하자.

2. "전공을 어떤 학과를 선택하면 좋을까요?"로 설정한다.

3. 색채카드에서 팔방색(8장)을 골라낸다.

4. 골라낸 8장의 색채카드를 잘 섞어, 1장의 카드를 선택하도록 한다.

5. 선택된 카드는 전공선택 멘토링 색상풀이표에 따라 해석한다.

전공선택 멘토링 색상풀이표

색의 종류	직종과 관련된 전공분야
• 연회색	• 외교관, 한의사, 외국어
• 연빨강	• 연예인, 컴퓨터, 첨단기술
• 연주홍	• 의사, 예술, 건축
• 연노랑	• 교수, 학자, 연구원
• 여초록	• 공무원, 선생님, 방송인
• 연파랑	• 금융, 사업, 경영
• 연남색	• 법관, 경찰, 군인
• 연보라	• 의사, 간호사, 카운슬러

【 전공선택 상담법 】 - 전공선택 · 대학진학 상담법

- 전공선택 심리테스트에서 "연남색 카드"를 선택하였다면, 진로와 전공은 법관, 경찰, 군인 등의 진로목표를 설정하고 난 뒤, 전공을 선택할 수 있는 멘토링으로 학업과 성적 향상을 준비해야 한다.

- 대학진학 심리테스트에서 "연노랑색 카드"를 선택하였다면, 진로목표를 열심히 준비하다가, 대학 지원을 해야할 경우에는 "대학 보다는 전공"을 선택하는 방법이 좋을 것이다.

9-6 직장·직업 멘토링

직장이나 직업을 선택하는 멘토링 과정은 더욱 복잡한 환경과 여건을 극복해야 하기 때문에, 기존의 전공과 대학을 기준으로 직장과 직업을 연계시키면 안 된다.

따라서 수리심리학 관점에서 직업과 직장을 선택하는 멘토링은 주로 인연에 의해 선택되는 경우가 가장 많고, 전공이나 재능에 따라 멘토링 프로그램을 잘 운영해 나가야 한다.

직장·직업 멘토링법 개요

직장과 직업은 미래 진로상담 멘토링에서 아주 중요한 것이기는 하지만, 개인의 성향, 적성, 관심, 노력에 따라 그 선호도와 관심도에 많은 차이를 보인다.

따라서 여러 가지 요인에 따라 직업이 정해지고, 직장을 선택되기 때문에, 직장과 직업선택 멘토링은 다양한 지식과 기술, 환경과 여건, 미래 산업과 방향 등에 따라 멘토링이 진행되어야 한다.

취업 멘토링의 과제

과제 구분	내용
1. 전공	전공과 관련된 직업 (기술, 연구 등)
2. 재능	예능, 운동, 예술, 음악, 연예 등의 재능분야
3. 인연	천연, 지연, 인연에 의한 직장 선택
4. 우연	환경과 여건에 따라 주어진 직업 및 직장

색채미술 심리카드로 푼

💬 취업·직장 멘토링법의 순서와 절차

취업과 직장 멘토링의 경우에 대학 전공과 관련된 업무나 일을 하는 것이 가장 좋은 방법이기는 하지만, 이러한 직장이나 직업을 선택할 수 있는 경우는 그다지 많지 않다.

또한 사회진출 초기에는 그러한 취업이나 직장 선택이 가능하지만, 근래들어 전공과 상관없이 취업하고, 직장을 얻게 되는 경우가 다반사다. 또한 직장을 다니는 경우보다는 프리랜서나 자영업, 사업, 장사 등으로 전공과는 상관없이 일을 하기 때문에, 시대에 맞는 취업상담 멘토링법을 숙련시켜 나가야 한다.

【 명제 설정 】- 우리아이는 어떤 직업을 선택할까요?

취업이나 진로상담은 아주 힘든 상담법이고, 아주 어려운 취업진로 상담법이기 때문에, 특정한 범위 내에서 상담하고, 테스트하는 것은 잘못된 것이다. 취업진로 멘토링의 경우에는 아래의 범위 내에서 개인의 희망심리와 적성심리에 따라 멘토링해야만 한다.

- 재능길 : 가장 잘 하는 재능을 발휘하는 길
- 공무길 : 나라를 위해 봉사하는 길
- 가업길 : 부모의 직업과 사업을 이어가는 길
- 운명길 : 하고픈 일을 찾아나서는 길
- 인연길 : 멘토, 스승, 인연들의 조언으로 가는 길

【 테스트 방법 】- 취업·직장 멘토링법

취업이나 직장 멘토링은 "어떤 직장이나 취업운을 상담하는 것"이 아니라, 취업을 하기 위한 노력과 직장으로 선택하는 준비를 철저히 해 나가도록 도와주는 멘토링법이 필요하다.

【 테스트 순서와 절차 】 - 취업상담 · 직업상담 테스트

1. 명제 설정은 취업목표와 직장선택을 미리 설정하자.

2. "어떤 직업을 선택하면 좋을까요?"로 설정한다.

3. 색채카드에서 오방색(5장)을 골라낸다.

4. 골라낸 5장의 색채카드를 잘 섞어, 1장의 카드를 선택하도록 한다.

5. 선택된 카드는 취업과 직업선택 멘토링 색상풀이표에 따라 해석한다.

직장선택 · 취업진로 색상 풀이표

색의 종류	직업 선택 방향
• 노랑	• 의료계열 : 의사, 간호사, 약사, 사회복지 등
• 빨강	• 활동계열 : 건축, 토목, 운동, 체조, 조경 등
• 흰색	• 경영계열 : 경제, 사업, 부동산, 금융, 은행 등
• 검정	• 기술계열 : 공학, 컴퓨터, 과학, 기술라이센스 등
• 파랑	• 연예·공직계열 : 영예, 방송, 법관, 군인, 소방 등

【 직업선택 · 취업진로 상담법 】 - 취업과 직장선택 분석

• 직업상담 심리테스트에서 "검정색 카드"를 선택하였다면, 인연법에 따라 과학, 연구, 기술 등의 분야로 취업을 선택하면, 적성에 맞는 직업을 선택할 수 있을 것이다.

• 직장선택 심리테스트에서 "파랑색 카드"를 선택하였다면, 직장은 연예계통이나 공직계통으로 직장을 선택하게 되면, 좋은 결과를 얻을 것이고, 이러한 제품, 일, 사업, 상품, 서비스 등의 기업들에게도 유망한 직장이 될 수 있다.

• 상세한 "취업상담과 직장선택"은 BNP 수리심리학 이론을 적용해 보면 좋을 것이다.

PART 10

내면심리 성격분석법

10-1. 심리테스트의 유형

10-2. 내면심리 분석법

10-3. 성격 분석법

10-4. 성격 통변법 해설

10-5. 성격 힐링법

10-6. 오성주기 해석법

10-1. 심리테스트의 유형
10-2. 내면심리 분석법
10-3. 성격 분석법
10-4. 성격 통변법 해설
10-5. 성격 힐링법
10-6. 오성주기 해석법

MENTORING 10

내면심리 성격분석법

10-1 심리테스트의 유형

심리테스트는 인간의 두뇌에 기억된 지식, 경험, 감각, 느낌, 습관, 관습 의식과 지식에 따라 마음(오성 : 본성, 심성, 이성, 감성, 각성)의 변화를 일으키는 심리작용과 반응을 찾는 것이다.

태어나면서 타고난 내면심리 특성과 자라면서 익힌 습성심리 특성에 의해 주변 여건과 상황에 따라 심리작용과 심리반응이 행동으로 나타난다.

내면심리 성격테스트

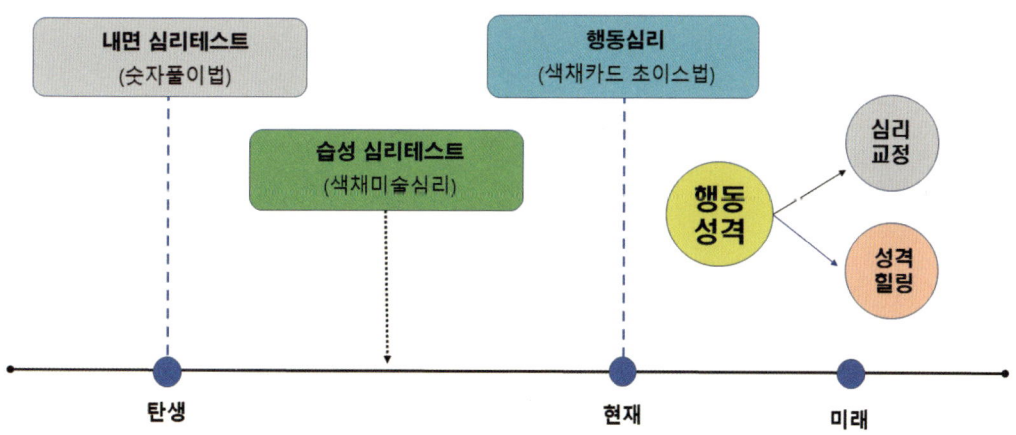

내면심리는 주로 성격성향과 사고성향에 많은 영향을 미치게 되며, 이들 성격성향이 주변 여건과 환경의 변화에 적응하기 위해 행동을 하게 된다.

이러한 행동성향은 곧 심리작용과 심리반응에 의해 일어나며, 이를 일반적으로 성격(Personality)이라고 부른다. 이러한 심리작용은 오성(본성, 심성, 이성, 감성, 각성)을 자극하고, 상호작용에 따라 "상촉상왕론(相 促相旺論)"의 법칙에 따른다.

심리테스트의 유형

BNP 수리심리학(창시자 보적)에서는 내면심리, 습성심리, 행동심리 등 3가지 심리의 종류가 있다. 내면심리는 개인의 타고난 특성, 개성, 본성 등을 말하며, 습성심리는 자라면서 경험과 느낌, 기억 등으로 익힌 습관과 관습을 말하고, 행동심리는 현재의 여건과 상황에 따라 심리적 작용에 의한 행동의 반응으로 나타난다.

BNP 심리테스트의 유형

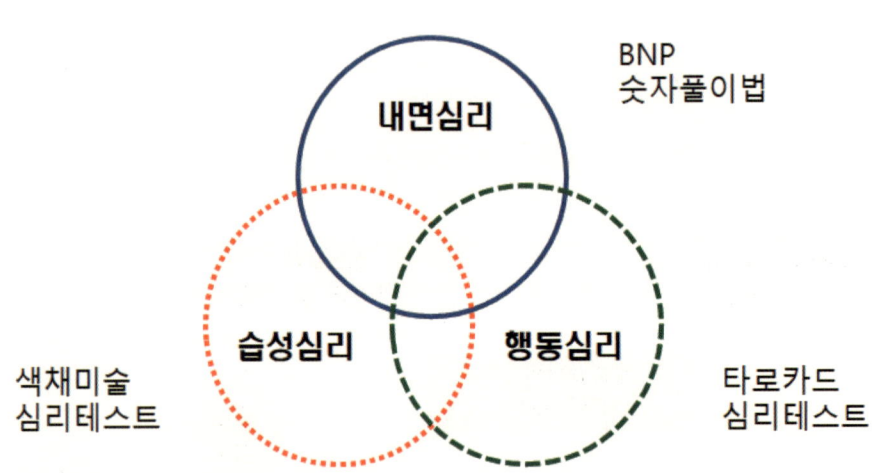

이러한 3가지 유형의 심리테스트는 모두가 다른 형상의 작용이기 때문에, 동일한 심리테스트로서는 알아 낼 수 없다. 그러므로 속성과 특성에 따라 다른 심리도구 및 분석법으로 이를 해결해 나가야 한다.

BNP 수리심리학에서는 내면심리분석법은 숫자풀이법으로 풀고, 습성심리분석법은 색채미술 심리테스트로서 풀며, 행동심리분석법은 "색채카드나 타로카드"를 심리도구로 사용하여 푼다.

이 책에서는 "색채미술심리카드"를 심리도구로 사용하여, "습성심리와 행동심리"를 푸는 상담법과 내면심리를 분석하기 위한 "숫자풀이법"으로 풀어가는 방법을 상세히 제시하고자 한다.

(1) 내면심리 테스트 (일명 : 숫자풀이법)

내면심리는 타고난 심리적 특성이기 때문에, 태교 시의 습성 특성, 부모의 유전적 특성, 개인의 재능 특성 등이 있다. 내면심리는 타고난 순간에 결정된 요소이기 때문에, "생일(양력)"을 기준으로 수리법칙을 적용하여, 숫자풀이법에 의해 해석된다.

내면심리 숫자풀이법

수	수리법칙	상담기법
1	천수진리법	*
2	음양이치론	남녀 구분
3	천지조화론	심리 구성
4	사계운기론	심리 환경
5	오행작용론	오성 작용
6	육원구성론	심리 구성
7	실성요소론	심리 특성
8	팔방반응론	심리 반응
9	구기변화론	오성 주기

타고난 내면심리는 인간의 잠재적, 유전적으로 타고난 특성이기 때문에, 태어난 날을 기준으로 "생일(양력)"을 기준으로 푼다. 왜냐하면 내면심리는 태어날 때 가지고 있는 "본성, 특성, 개성"들이 복합적으로 작용하는 것이기 때문이다.

내면심리를 풀기 위한 숫자풀이법의 순서와 절차는 "타고난 생일 → 운명수(심리작용수) 계산법 → 수리법칙 → 숫자풀이 상담법"순으로 진행한다. 내면심리에 가장 많은 영향을 주는 변수로서는 "오성(본성, 심성, 이성, 감성, 각성)"이며, 이는 "오성주기"의 변화와 작용으로 푼다.

10 MENTORING

색채미술 심리카드로 푼

(2) 습성심리 테스트 (일명 : 색채미술 상담법)

습성심리는 타고난 내면심리 특성을 기반으로 성장하면서, 경험, 느낌, 인지, 판단 등으로 습득된 지식과 사실로서 심리작용과 반응을 통해 나타나는 행동 특성을 말한다.

습성심리테스트는 "색채미술카드"를 심리도구로 사용하여, 습성심리와 행동심리에 의한 표출된 행동을 푸는 것이다. 색채미술이 습성심리를 분석하는 데, 아주 중요한 역할을 한다.

색채미술 심리상담법

색의 종류	풀이 & 해석법
• 삼원색 (3)	• 기운과 기세
• 사방색 (4)	• 사람과 인연
• 오방색 (5)	• 작용과 반응
• 육원색 (6)	• 판단과 결정
• 무지개색 (7)	• 감정과 개성
• 팔방색 (8)	• 희망과 욕구
• 구기색 (9)	• 사고와 현상

위의 표에서처럼, 왜냐하면 색채미술심리는 색상, 도형, 그림 등을 아이의 성장과 더불어 경험, 느낌, 감각, 행위 등을 통해 두뇌 속에 기억된 모든 지식과 지혜의 심리작용을 유발하여, 심리테스트를 진행하기 때문에 매우 중요하다.

색채미술카드는 두뇌발달이 적은 아이들의 심리작용을 유발시켜, 내면심리를 찾아낼 수 있다. 내면심리 분석법은 철저한 수리법칙과 숫자원리를 이용하여 푼다.

(3) 행동심리 테스트 (일명 : 심리카드 이용법)

행동심리는 타고난 내면심리 특성과 익힌 습성심리 특성이 "환경, 여건, 상황, 사건"등의 변화에 대처해 나가는 심리작용과 반응이다. 행동심리는 주변 여건과 상황에 따라 매번 달라지며, 현재의 행동과 행위는 행동심리의 작용과 반응으로 나타난다.

행동심리 상담법 (색채카드, 타로카드)

수리법칙	카드 수	심리 내용
•천수진리법	*	*
•음양이치론	*	*
•천지조화론	3장	천성
•4계운기론	4장	근성
•5행작용론	5장	오성
•6원구성론	6장	유형
•7성요소론	7장	행동성
•8방반응론	8장	욕구성
•9기변화론	9장	심리주기

행동심리를 분석하는 심리도구들은 아주 다양하지만, 간단하고, 편리한 상담을 위해 특수용도로 개발한 "BNP 색채미술카드와 타로카드"를 이용한 행동심리 상담법을 소개하고자 한다.

위의 표에서처럼, 수리법칙과 심리요소와의 상관관계는 "3=본성, 4=근성, 5=오성, 6=유형, 7=행동성, 8=욕구성, 9=심리주기"로 설정되어 있다. 심리상담에서 대표적인 방법은 "성격분석 심리테스트"가 있으며, 심리작용과 반응에 가장 중추적인 역할을 하는 인자이다. 또한 오성(본성, 심성, 이성, 감성, 각성)주기의 심오한 변화하는 주기곡선으로 해석하게 되면, 좋은 결과를 얻을 수 있다.

10-2 내면심리 분석법

　내면심리 분석법은 BNP 수리심리학(창시자 보적)을 기반으로 숫자의 원리와 수리법칙을 이용하여, 인간의 타고난 내면심리를 푸는 것이다. 또한 인간의 심리작용은 "두뇌특성, 재능, 잠재특성, 적성, 개인특성"등에 따라 작용하고, 반응한다.

　내면심리의 중요성은 심리교정과 심리치유법에 있어서 매우 중요한 상항이다. 왜냐하면 내면심리와 행동심리가 일치하게 되면, 이것은 장애나 결함이 될 수 없기 때문이다.

내면심리의 중요성

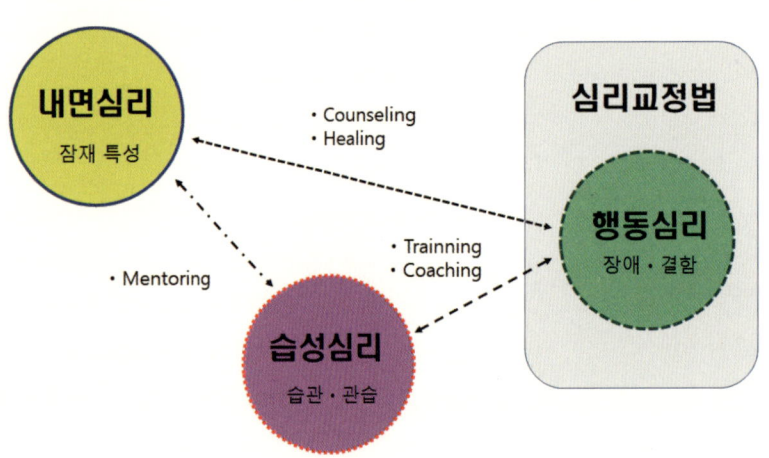

　위의 그림에서처럼, 심리장애와 결함은 "내면심리와 행동심리의 불(不)일치"이며, 또한 잘못된 습성심리의 작용 등으로 발생된다. 그렇기 때문에 심리장애와 결함의 원인을 찾아내기 위해서는 내면심리와 행동심리를 비교분석하면 가능하기 때문이다.

　이상과 같이 심리장애와 결함은 습성심리를 교정함으로써 "멘토링법, 카운슬링, 힐링법"으로 교정하고, 잘못된 습성이나 부족한 습성의 경우는 "트레이닝법이나 코칭법"으로 해결할 수 있다.

📖 내면심리 숫자풀이법

내면심리는 타고난 특성이기 때문에, 변하지 않는 잠재적 특성, 성격, 심리, 재능, 능력 등을 포함하고 있다. 아이의 성장과 더불어 "두뇌발달, 두뇌계발, 인성계발, 학습계발"등은 내면심리의 특성을 기반으로 노력에 따라 점차적으로 성장해 나간다.

아무리 타고난 특성이 뛰어났다고 하더라도, 자라면서 이를 계발하지 않고, 노력하지 않는다면, 뛰어난 재능과 특성도 잘 살려 낼 수 없다. 그러므로 내면심리의 중요성은 "좋은 나무를 훌륭하게 키워야만 좋은 재목"이 될 수 있다.

생일	→	운명수 계산	→	수리법칙	→	숫자풀이법	→	수리상담법
(1단계)		(2단계)		(3단계)		(4단계)		(5단계)

위의 그림에서처럼, 내면심리를 풀기 위해서는 순서에 따라 5단계로 진행된다. 타고난 특성은 "생일(1단계)"을 기반으로 "수의 원리"에 따라 가장 먼저 운명수를 계산한다(2단계).

이 운명수(심리작용수와 동일)를 수리법칙에 따라 "3개~9개"까지의 숫자항목에 해당하는 "나머지 값"을 계산한다(3단계). 내면심리 중에서 "성격분석법"을 적용하기 위하여, 각 항목에 해당하는 숫자풀이법을 적용한다(4단계). 끝으로 BNP 수리심리학을 기반으로 "내면심리 성격상담법"을 적용하여, 상담과 통변을 진행하면 된다(5단계).

【 정의 】- 생일(양력)의 정의

내면심리는 타고난 인연법, 엄마의 태교법, 엄마의 습성에 따라 아이의 잠재적 특성이 결정되고, 태어날 당시에 이미 내면적 심리특성은 가지고 있다는 가정하에서 이론을 정립하였다.

그러므로 내면심리 숫자풀이법은 "생일(양력)"을 기준으로 운명수를 계산하고, 그 운명수에 따라 수리법칙을 적용하여 푼다. 따라서 각 개인의 운명수 계산은 다음과 같은 전제조건을 설정하였다.

1. 생일은 양력을 기준으로 한다.

2. 년도는 서기 년도를 기준으로 한다.

3. 월과 일은 양력으로 계산한다.

4. 시간은 낮과 밤(2가지 유형)으로만 결정한다. 여기서 "낮의 기준은 일출 30분 전 ~ 일몰 30분 후"로 정의하며, "낮=1, 밤=9"이다.

5. 각 항목(년월일시)은 BNP 수리법칙에 따라 "1~9"까지 숫자로 보정을 하고, 4개의 숫자의 합을 "운명수(심리작용수)"라고 정의한다.

6. 결과적으로 "심리작용수는 4~36번"까지로 구성되어 있다.

【 운명수 계산법 】- 운명수(심리작용수) 계산

운명수(심리작용수)는 생일로부터 계산된 4개의 숫자를 합쳐서 계산한 것으로, "4번~36번"까지 총 33종이 있다. 운명수(심리작용수) 계산법은 다음과 같은 절차에 따라 계산된다.

운명수(심리작용수) 계산법

구분	년	월	일	시	합(운명수)
생일	2019	10	18	밤	(양력)
숫자법칙	2+0+1+9	9+1	9+9	9	1단계
(보정)	2+1+1+9	*	*	*	2단계
최종 값	4	1	9	9	22

위의 표에서처럼, 운명수(심리작용수) 계산법에서는 "년도의 경우, 숫자

0=1"로 치환하고, 각 항목에서 9로 나눈 값의 "나머지 값"으로 결정하고, 이 4개의 "숫자의 합=22"를 운명수(심리작용수)라 한다.

【 수리법칙 적용 】- 심리상담법 수리계산법

내면심리(잠재적 행동특성)는 심리작용수를 기준으로 계산되며, 심리작용수는 "숫자의 원리와 수리법칙"에 따라 각 항목별 아래의 표와 같이 계산된다.

내면심리 수리법칙 (사례)

심리작용수 = 22	
÷3 ∠ 1	÷7 ∠ 1
÷4 ∠ 2	÷8 ∠ 6
÷5 ∠ 2	÷9 ∠ 4
÷6 ∠ 4	

위의 표에서처럼, 계산된 값들은 내면심리 분석을 위한 수리법칙에 따라 계산된 값이다. "÷숫자" 표시는 숫자풀이 해석법에 따른 숫자원리에 따른 각 개인의 주어진 수치이기 때문에, 이 수치에 따라 개인의 내면심리 특성을 나타낸다.

10 MENTORING

색채미술 심리카드로 푼

【 상담 수치조견표 】 - 숫자풀이 상담법

내면심리는 운명수(심리작용수)를 숫자법칙에 따라 계산된 값을 "수리법칙의 정의"에 따라, 심리작용과 반응에 부여된 수치 값을 계산하여, 각 항목별 "숫자풀이 상담법"에 따라 상담하면 된다.

내면심리 수치조견표

수리법칙	심리 유형	수치값	심리반응
•천수진리법	*	*	*
•음양이치론	*	*	*
•천지조화론	천성	1	천성 天
•4계운기론	근성	2	근성
•5행작용론	오성	2	심성 ↑
•6원구성론	인간	4	유형
•7성요소론	행동성	1	행동
•8방반응론	욕구성	5	욕심
•9기변화론	심리주기	4	주기 ↓

위의 내면심리 수치조견표는 "내면심리 성격분석법"을 풀어 나가는 기준이 된다. 각 항목에 해당하는 개인의 수치값은 심리작용의 원리와 법칙에 따라 분석하며, 주로 "성격, 적성, 행동, 심리장애 분석, 심리교정법, 심리치유법"에 아주 유용하게 활용된다.

10-3 성격 분석법

심리테스트나 심리상담법에서 매우 중요한 상담분야는 "성격테스트"이고, 잠재성격(내면성격)은 모든 행동, 행위나 습성의 근본이기 때문에, 심리상담과 심리교정에서 매우 중요하다.

특히, 심리적 장애나 결함 현상이나 도덕적 심리작용, 노인성 인지 능력이 부족한 경우에는 "습성심리나 행동심리"의 작용이 증가하였다.

성격분석법 개요

내면심리 상담법 중에서 가장 근본이 되는 것은 "성격분석법"이다. 이 성격분석법의 성격성향과 행동성향, 사고성향에 따라 심리작용과 심리반응으로 행동하게 된다.

앞 절에서 계산된 내면심리는 운명수(심리작용수)를 숫자법칙에 따라 계산된 값을 "수리법칙의 정의"에 따라, 심리작용과 반응에 부여된 수치 값을 계산하여, 각 항목별 "숫자풀이 상담법"에 따라 상담하면 된다.

내면심리 수치조견표

수리법칙	심리 유형	수치값	심리반응
• 천수진리법	*	*	*
• 음양이치론	*	*	*
• 천지조화론	천성	1	천성 天
• 4계운기론	근성	2	근성
• 5행작용론	오성	2	심성 ↑
• 6원구성론	유형	4	성향
• 7성요소론	행동성	1	행동
• 8방반응론	욕구성	5	욕심
• 9기변화론	심리주기	4	주기 ↓

성격 풀이법 해설

내면성격(잠재성격)은 타고난 잠재적 특성과 성격에 따라 행동과 행위, 그리고 작용과 반응하게 된다. 이러한 성격성향으로 인해, 발생되는 일, 사건, 심리작용 등이 생활과 밀접한 관련성이 있으며, 이로 인해 생겨난 심리적 갈등, 장애, 결함들이 성격성향과 행동성향으로 나타난다.

내면성격은 타고난 성격이므로, 운명수(심리작용수)를 우선 계산하고, 이 심리작용수를 수리법칙에 따라 각 항목별 나머지 값으로 기준으로 내면성격을 푼다.

성격풀이와 성격상담을 할 경우, 필수적으로 고려해야 할 사항은 "잠재적 행동과 습성형 행동"을 분별해 내는 것이다. 왜냐하면 타고난 잠재적 특성과 습성형 특성으로 표출하는 행동인지 모르기 때문이다.

(1) 천성

천성(天性)은 타고난 성격성향을 나타내는 것으로, 잠재적 특성, 습성형 특성, 대인성 특성 등 3가지로 구성된다. 천성은 타고난 잠재적 특성을 표출하는 것이고, 습성형 특성은 습관이나 관습으로 익힌 습성 특성을 나타내며, 대인성 특성은 상호간의 유화적 적응력을 나타냄을 의미한다.

(2) 근성

근성(根性)은 타고난 잠재적 특성의 근본을 말하며, 모든 상황과 여건에 따라 "판단과 결정"을 위한 두뇌성향을 나타내는 행동특성을 말한다. 근성에는 4가지 유형이 있는 데, 일이나 사건 등에 대처해 나가는 행동성향을 보이게 된다.

(3) 오성

오성(五性)은 5가지 유형인 "본성, 심성, 이성, 감성, 각성"으로 구성되고, 이 오성은 서로 상호작용을 하면서, 개인의 느낌과 감정을 통한 행동으로 나타내게 된다. 오성의 작용은 다음 절에서 상세히 다루도록 한다.

(4) 유형

유형(類型)은 크게 2가지로 대별되는 데, 하나는 사고유형이고, 다른 하나는 행동유형이다. 성격에서 가장 중요한 인자이다. 인간의 유형에 따라 만사를 생각하고, 비교하고, 판단하고, 결정하는 형태를 의미하며, 이러한 유형성격이 모든 행동에 결정적인 영향을 주고 있다.

(5) 행동성

행동성(行動性)은 주어진 환경과 여건에 따라 순간순간 감정의 변화로 나타내는 성격성향과 행동성향이 있으며, 이러한 행동성은 일반적인 성격성향을 의미하고, 대부분의 경우에 이를 과격한 행동, 돌발적인 행동, 성급한 행동, 감정적 행동 등을 말한다. 성격상담시에는 이 행동성이 많은 영향을 준다.

(6) 욕구성

욕구성(慾求性)은 일종의 욕심(慾心)이라고 하며, 인간에게는 다양한 8가지 욕심이 존재한다. 각 개인마다 타고난 욕(慾)이 다르기 때문에, 사람마다 욕심을 가지는 종류와 유형이 다르게 표출된다. 성격상담시에 아주 소중히 다루어야 하는 요소이고, 이러한 욕구에 의한 사건이나 사고들이 많이 발생한다.

(7) 심리주기

심리주기(心理週期)는 다음 절에서 다루게 되는 오성(五性)의 변화를 관찰할 수 있으며, 이 심리주기는 일명 본성(本性)주기를 말한다. 인간에게는 다양한 변화를 일으키는 주기의 흐름이 있는 데, 이 본성주기의 흐름에 의해 성격성향이 강하게 혹은 약하게 표출된다.

성격 상담법 사례

성격상담을 할 경우, BNP수리심리학 관점에서 "육하원칙(Who, When, Where, What, How, Why)"에 따라 상담을 시작해야 한다. 수리신리학은 철저한 학문적 기반으로 한 수리법칙으로 풀어 나가기 때문에, 이론에 벗어나지 않도록 상담해야 한다.

성격상담 사례 (샘플)

심리 유형	수치값	심리반응
천성	1	천성 天
근성	2	근성
오성	2	심성 ↑
유형	4	성향
행동성	1	행동
욕구성	5	욕심
심리주기	4	주기 ↓

위의 표에서처럼, 상담자의 성격분석 자료라고 하면, 체계적인 성격상담을 진행하는 과정을 설명하고자 한다. 다음은 성격상담의 사례이다.

1. 상담자의 성향은 심사숙고형 타입에 비교사고형이기 때문에, 기회를 놓치거나 판단과 결정을 하지 못할 경우가 종종 많을 것이다.
2. 상담자는 타고난 천성이 너무 도도하고, 잘 난체를 많이 할 수 있기 때문에, 상대방에서 부담이 되고, 대인관계가 부족할 가능성이 높다.
3. 상담자는 결정에 앞서 우유부단한 행동을 할 경우가 많고, 감정적인 행동을 취할 경우도 종종 있을 것이다.
4. 상담자는 명예욕이 강하게 작용하고, 영리하지만, 영악한 행동을 할 경우가 많아 조심해야 한다.
5. 상담자는 성장해 나가면, 자존심이 강하여, 어떤 목적을 달성하지 못하면, 좌절이나 자격지심이 쉽게 생길 수 있으니 조심해야 한다.

10-4 성격 통변법 해설

내면심리를 분석하기 위한 성격 통변법은 "숫자풀이법"에 의해 푼다. 따라서 숫자풀이법은 "3~9의 수리법칙"에 따라 각 항목별 나머지 값의 해당하는 풀이법을 설명하도록 한다.

(1) 내면성 분석표 (3=천지 조화론)

내면성이란 타고난 성격과 특성을 근본이며, 수리법칙에 따라 천지 조화론 또는 삼원 조화론으로 푼다.

천성 해석법

숫자	내면성		
1	天性	도도	잘난 체
2	地性	고집	똑똑한 체
3	人性	유화	아는 체

(2) 근성 분석표 (4=사계 운기론)

근성은 인연법과 환경에 따른 여건상황에 따라 작용하는 성격성향으로서 사계 운기론으로 푼다.

근성 해석법

숫자	근성 풀이		
1	前生	빚	영악·영리
2	人生	짐	우유·부단
3	來生	업	고집·아집
4	還生	고	유화·대인

(3) 오성 분석표 (5=오성 작용론)

오성은 5개의 특성(본성, 심성, 이성, 감성, 각성)이 상호작용에 따라 반응을 일으키는 나타낸 것이며, 오성의 상촉상왕론으로 푼다.

오성 해석법

숫자	오성 풀이		
1	약	건강	감성
2	일	행위	심성
3	돈	재물	이성
4	도구	지식	감성
5	옷	명예	각성

(4) 성격유형 분석표 (6=육원 구성론)

성격유형은 성격성향과 사고성향을 나타내는 특성이며, 두뇌작용에 따른 판단과 결정에 영향을 주는 요인이다.

유형 해석법

숫자	성격유형 풀이		
1	단순사고형	단순사고형	개인형 타입
2	신중고민형	고민사고형	고민형 타입
3	내면고집형	편협사고형	이중성 타입
4	심사숙고형	비교사고형	비교형 타입
5	순간도전형	모험사고형	감성적 타입
6	적극행동형	능동사고형	적극성 타입

(5) 행동성향 분석표 (7=칠성 작용론)

행동성은 환경과 여건에 민감하게 반응하는 행동특성이기 때문에, 어떤 주어진 환경과 일, 사건 등이 발생될 때, 나타내는 행동성향이다.

행동성 해석법

숫자	행동성향 풀이		
1	구설형	잔머리형	관재수
2	손재형	순수형	손재수
3	고민형	감성형	고통수
4	고집형	다혈질형	박명수
5	과신형	우쭐형	가난수
6	배려형	얌체형	이별수
7	능동형	적극형	파괴수

(6) 욕구성 분석표 (8=팔방 반응론)

욕구성은 내면의 잠재적인 욕구 특성과 욕망이므로, 어떤 목적을 희망과 야망에 의해 일시적으로 표출하는 성격 특성이다.

욕구성 해석법

숫자	욕구성 풀이		
1	의욕	욕구	구설
2	사욕	소유욕	잔꾀
3	자욕	자만	승부
4	재욕	재물욕	부정
5	영욕	명예욕	무시
6	탐욕	충동	비하
7	허욕	망상	거짓
8	과욕	과신	무리

(7) 심리주기 분석표 (9=구기 변화론)

심리주기는 오성의 주기 흐름을 나타낸 것이며, 본성을 기반으로 심리의 변화 현황을 나타낸 것으로, 두뇌 특성과 두뇌 활동을 나타낸다.

심리주기 해석법

숫자	심리주기 풀이		
1	天天	고상형	도도 타입
2	地地	고집형	아집 타입
3	人人	유화형	모사 타입
4	天地	도도형	고집 타입
5	地人	고집형	유화 타입
6	人天	유화형	강직 타입
7	天人	도도형	유화 타입
8	地天	고집형	강직 타입
9	人地	유화형	아집 타입

10-5 성격힐링법

내면심리는 인간의 심리적 근본이고, 개인 특성의 기본이기 때문에, 심리학에서는 매우 중요한 인자이다. 왜냐하면 기존의 심리학은 대부분이 행동심리를 기반으로 심리테스트와 심리상담, 심리교정, 심리치유 등에 이용된다.

성격 힐링법 개요

일반적으로 현재 표출된 행동만으로 "심리적 장애, 결함, 질병"이라고 단정하기는 곤란하다. 왜냐하면 내면심리 특성이 지금의 행동특성과 동일하다면, 그것은 장애나 결함이 아니라, 정상적인 심리작용과 반응이므로, 심리치유가 아니라, 심리교정이나 심리수정이 필요하다.

따라서 내면심리가 중요한 것은 현재의 행동심리와 다를 경우에, 발생한 "나쁜 작용, 나쁜 행동, 거친 반응, 돌발 행동"등이 문제가 된다. 이러한 잘못된 행동이나 문제시 된 오류 및 실수를 범한 경우에 "성격 장애, 심리적 결함, 심리적 장애, 심리적 질병, 정신적 질환"으로 이어진다.

이를 경우에는 "습성심리 특성의 장애나 결함"이 주된 원인이기 때문에, 심리적 치유를 위한 "Counseling, Mentoring, Coaching, Trainning, Healing" 등으로 심리치유를 진행해야 한다.

이처럼 내면심리 특성이 매우 중요하기 때문에, 심리수정, 심리교정, 심리치유 분야에 광범위하게 사용될 수 있으며, 심리적 장애나 결함을 진단에 많은 도움이 된다.

성격교정법 해설

성격교정은 타고난 내면심리 수정이나 습성심리의 작용에 의한 "잘못된 생각, 올바르지 못한 행동, 거친 행동" 등 다양한 심리적 장애요인들이 있다.

따라서 "잠재적 내면심리나 잘못된 습성심리"를 수정하고, 교정하고, 치유할 필요성이 있다. 심리장애나 심리결함, 심리질환 등을 치료할 경우에는 "원인과 발병요인"을 찾아내야 한다.

심리교정과 심리치유법

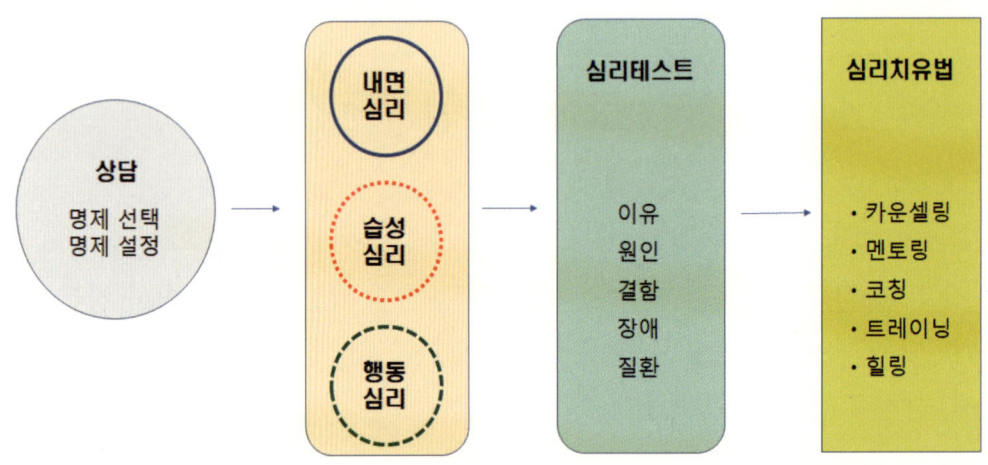

위의 그림에서처럼, 심리교정이나 심리치유를 목적으로 심리상태를 분석하고, 심리테스트를 통해 "원인과 발병요인"을 찾아내야 하기 때문에, 잠재의식으로 발병하는 심리장애나 결함을 찾는 것은 쉽지 않다.

일반적인 사고나 사건이 발생하여, 심리적 상처, 심리적 장애, 심리적 공포 등은 그 이유와 원인 밝혀져 있기 때문에, 심리치유에 큰 어려움은 없을 것이지만, 그렇지 않고 나타난 여러 가지 요인들은 어려움이 많다.

10 MENTORING
색채미술 심리카드로 푼

💬 성격힐링법 응용

성격힐링법은 여러 가지 심리적 장애요인이나 결함요인을 제거하여, 치료하는 것을 의미한다. 성격힐링에는 다양한 방법들이 응용되고 있는 데, 그 중에서도 "사전 예방, 장애요인 제거, 결함요인 훈련" 등을 주목적으로 해야 한다.

성격힐링법은 "정신적, 심리적 치료"가 아니라, 사전예방과 장애요인의 제거가 중요하기 때문이다. 현재까지 다양한 심리치유, 심리치료 방법들이 동원되고 있지만, 질환이나 질병, 장애의 경우에는 전문의의 도움을 얻어 치료해야 한다.

이에 반해 아이들의 과격한 성격 형성, 내성적이고, 소극적인 성격, 대인심리의 부족, 자격지심, 심리적 상처나 고민"등은 질환이나 장애가 오기 전에 꾸준히 고쳐는 성격힐링법이 많은 효과를 나타낼 것이다.

심리교정법 & 심리치유법

치유 유형	심리도구	교정법
• 카운슬링	숫자풀이법	주의·조심
• 멘토링 • 코칭 • 트레이닝 • 힐링	색채카드 타로카드	심리테스트 & 경험·훈련
• 치료(병원)	의사 상담	치료

여기서는 "색채미술카드"를 이용하여, 아이들의 심리상태를 수시로 점검하고, 사전에 심리적 장애요인이나 결함요인을 제거해 나가고, 원만한 성격이 형성될 수 있도록 인성계발 프로그램으로 진행해 나가는 것이 좋다.

10-6 오성주기 해역법

오성주기(五性週期)는 개의 심리특성 인자(본성, 심성, 이성, 감성, 각성)가 특정한 환경과 상황에 따라 심리작용에 관여하는 오성(五性)의 흐름을 예측한 주기곡선이다.

이와 더불어 오성주기는 각각의 특성을 지니고 있으며, 또한 5개의 오성의 상호작용에 따라 나타나는 새로운 2개의 곡선인 스트레스 곡선(Stress Curve)과 신체리듬(Physical Rhythm)이 있다.

오성의 상호작용론

오성의 상호작용은 심리학에서 아주 중요한 이론이다. 특히 아이들의 오성작용은 두뇌계발에서부터 심리작용에 이르기까지 아주 중요한 역할을 한다.

심리학에서 오성은 과학적 이론과 논리에 따라 지능지수, 감성지수 등 다방면으로 이용되고 있다. 수리심리학에서 정의하는 5개의 지수는 영성지수(SQ, Spiritual Quotient), 신체지수(PQ, Physical Quotient), 도덕지수(MQ, Moral Quotient), 감성지수(EQ, Emotional Quotient), 각성지수(지능지수, IQ, Intelligence Quotient)등이 있다.

오성의 상호작용

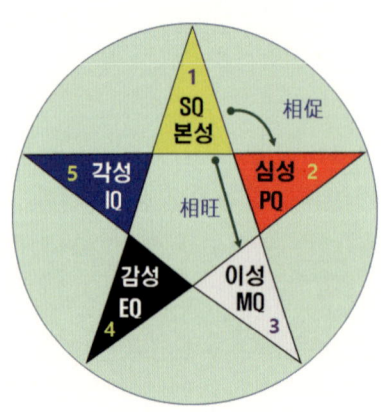

10
MENTORING

색채미술 심리카드로 푼

오성의 상호작용은 기존의 오행작용론과는 달리, "상촉상왕론(相促相旺論)"으로 작용하기 때문에, 더욱 신비한 이론적 근거를 가지고 있다. 오성의 상촉상왕론은 타고난 "생체반응곡선(Bioreactivity Curves)"에 따라 오성의 상호작용에 변화가 생기게 된다.

만약 생체반응곡선이 상승기운을 가지고 있는 시기에, 강한 본성(SQ)을 가지고 있는 아이들에게는 도발적인 행동과 비도덕적 행위가 일어날 수 있기 때문에, 사전에 성격힐링이나 심리교정이 필요할 것이다.

💬 오성 힐링법

오성 힐링법은 타고난 오성이 강한 기운을 가지고 있으면, 상대적으로 과도한 행동이나 과신하는 언행으로 문제가 야기되기도 한다. 이렇게 발생되는 오성의 상호작용에 따른 부작용과 사건, 사고를 예방하는 것은 저 말 중요한 일이다.

아이들의 경우, 강한 의욕, 욕심, 과신, 자랑, 욕구, 반발, 반항심들이 복합적으로 작용하기 때문에, 오성 힐링법, 즉 타고난 오성의 기운을 줄이고, 균형 있게 유지될 수 있도록 심리교정이 필요하다.

오성 힐링법

오성 숫자	오성 힐링법		
1	본성	감정 신중	내면성이 강함
2	심성	행동 자제	행동성이 강함
3	이성	오류 분별	신중성이 강함
4	감성	냉정 유지	개인성이 강함
5	각성	판단 결정	고집성이 강함

위의 표에서처럼, 생채반응곡선의 기운이 강한 시기에는 타고난 오성이 강한 작용을 하여, 상촉상왕의 작용으로 일이나 사건이 발생되는 경우가 많다. 이러

한 불상사나 돌발행동을 조심하고, 자제할 수 있는 오성힐링법이 요구된다.

오영주기 풀이법

오성주기는 5개의 주기곡선이 있으며, 이와는 별도로 2개 곡선, 즉 스트레스 곡선과 신체리듬이 아이들의 심리작용과 심리반응을 일으키는 원인이 된다.

오성주기는 순번대로 본성주기(생채반응곡선 동일), 심성주기, 이성주기, 감성주기, 각성주기가 있으며, 상승기에는 강한 기운으로 인하여, 심리적 작용과 반응이 크게 나타나기 때문에, 과도한 행동이나 감정적인 반응이 나타나기도 한다.

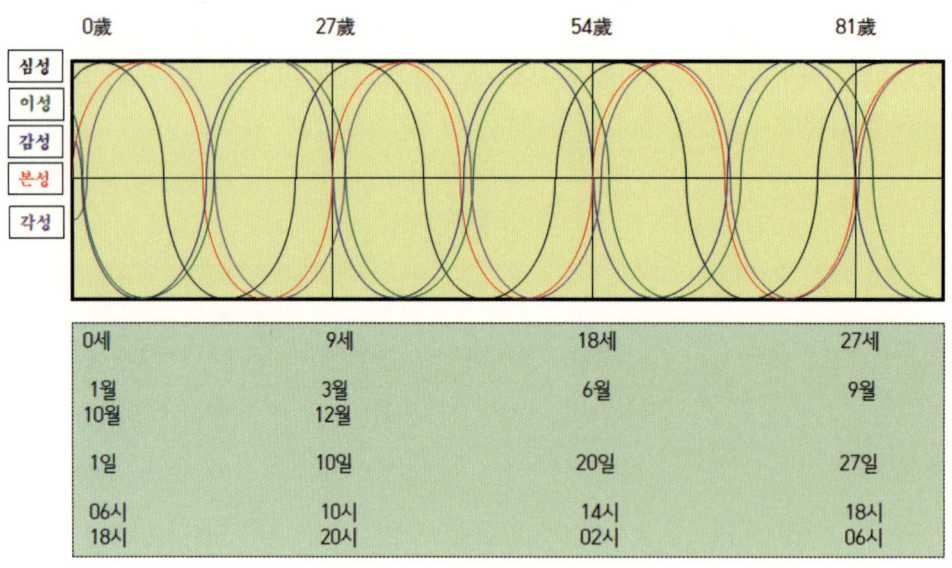

위의 그림은 인간의 본성, 심성, 이성, 감성, 각성 5가지로 이루어진 오성의 생체반응을 나타낸 것이며, 사고성향과 행동성향과의 상호작용으로 과도한 반응이 나타난다.

10
MENTORING

색채미술 심리카드로 푼

또한 오성은 인간의 사고와 생각뿐만 아니라 느끼고, 인지하고, 판단하고, 결정하는 모든 생체반응과 의 상호작용으로 행동한다. 이 생체반응곡선은 사람마다 다르며, 자라고, 성장하는 과정에서는 어떤 사물이나 사건들을 인지하고, 학습된 모든 습관과 관습, 지식과 지혜 등이 복합적으로 작용하여 행동으로 나타난다.

위의 생체반응곡선에 따르면, 5가지 오성은 한평생 3번의 반복된 흐름을 나타내며, 매년 또는 한 해 동안의 흐름은 물론 한 달의 흐름, 그리고 하루의 흐름 상태도 관찰할 수 있다.

오성주기 통변법 (사례)

오성주기와 행동발달 주기만으로도 아이들의 심리작용과 심리반응을 관찰할 수 있는 중요한 역할을 할 수 있다. 각 가정에서 나타나는 "아이들의 엄마에 대한 반항과 반발"이라는 과제를 설정하고, 오성주기를 이용한 통변사례를 살펴보면, 다음과 같은 결과를 얻을 수 있다.

행동발달 주기곡선 풀이법

구 분	아이 (자녀)	엄마 (부모)
1. 생년월일	· 1999년 9월 9일 · 낮 12:00	· 1969년 5월 6일 · 낮 19:00
2. 성별	· 남 (아들)	· 여 (엄마)
3. 행동발달주기	· 지(地)	· 천(天)
4. 생체반응곡선	· 2	· 1

위의 표에서 나타낸 엄마와 아이의 생체반응곡선과 행동발달 주기를 이용한 "BNP 성격힐링법"에 대해 간략히 소개하고자 한다.

10
MENTORING

색채미술 심리카드로 푼

【 총평 】

- 아이는 행동발달주기가 지(地)로 태어났고, 엄마는 천(天)으로 태어났기 때문에, 아이는 초년기에 지성과 각성이 강하여 공부와 학습효과가 뛰어날 것이다. 단지 학습에 대한 적응력과 집중력을 높이고, 학습환경과 분위기만 조성된다면, 학습효과가 좋을 것이다.

- 아이의 진로와 적성에 대한 분석으로 정확한 목표를 설정한다면, 희망한 진로선택이 가능할 것이다. 중년기 27세에서 54세 사이에는 이성이 강하기 때문에, 학습과 지식을 충분히 발휘해 나갈 수 있을 것이다.

【 성격 】

- 초년기 시절에 익힌 습성은 아주 강한 기운이 강하기 때문에, 어릴 때 익힌 지식, 습관, 관습 등의 습성이 오랫동안 유지될 것이다.

- 어린 시절의 잠재적인 특성과 내면성을 강하게 표출할 성격성향을 가지고 있으며, 인성교육은 무엇보다도 중요할 것이다.

- 중고시절에는 각성보다는 심성과 이성이 강하게 작용하는 시기이기 때문에, 다양한 성격성향과 행동성향을 보일 가능성이 높으므로 성격힐링법이 필요한 시기이다.

- 이런 시기에는 각성의 기운이 떨어지고, 감성에 너무 좌우될 가능성이 높기 때문에, 학습에 대한 압박이나 다른 집 아이와 자주 비교를 하는 것은 되레 자격지심을 가지거나 자존심이 상하게 할 것이다.

- 또한 강한 심성의 기운으로 내면적 특성과 잠재적 특성들이 강하게 작용하여 반발, 반항, 부정, 반대 등의 돌발행동이나 돌출행위를 할 가능성도 높다.

10 MENTORING

【 학업 】

- 만약 초등교 시절에서 중학교 시절에는 다소 성적이 부족하거나, 공부에 대한 집중력이 부족하더라도, 공부에 대한 스트레스나 압박감을 주거나, 자존심을 상하게 하는 일은 삼가는 것이 좋다.
- 심성과 감성의 기운이 떨어지는 시기에는 아이에게 강요, 억압, 잔소리, 꾸지람 등은 하지 말아야 한다.
- 또한 이 시기에는 엄마가 무심코 말하거나, 행동하는 것을 삼가하고, 아이와 관련된 모든 행동에 관심을 가져야 하고, 언행에도 조심해야 한다.
- 아이가 이 어려운 시기를 극복하고, 기본 학습 준비와 학습태도만 잘 갖춘다면, 고등학교 시절에는 남다른 실력을 갖출 것이고, 만약 중학교 시절에 성적이 상위권만 유지된다면, 고등학교 성적은 상당히 우수할 것으로 판단된다.

【 진로 】

- 이 아이의 경우, 성장하는 과정에서 어려운 시기가 있는 데, 이 시기가 만13세에서 만15세까지 이므로, 이 시기에는 절대적인 엄마(부모)의 도움이 가장 필요하다.
- 어려운 시기를 슬기롭게 잘 극복할 수 있도록 심리적 멘토링, 트레이닝, 코칭, 힐링 등으로 어려움을 극복할 수 있도록 지원하게 되면, 인생의 훌륭한 목표를 달성할 수 있을 것이다.
- 이 아이의 재능과 진로를 간략하게 살펴보면, 학자, 기술자, 연구원, 공무원, 교사, 대학교수 등의 직업을 목표로 설정하고, 열심히 노력해 나가면 좋은 결과를 얻을 수 있을 것이다.

PART 11

부록

11-1. (사)수리힐리상담협회 소개
11-2. BNP 수리심리학 소개
11-3. 엄마 멘토링 상담사 (자격)
11-4. 진로 멘토링 상담사 (자격)
11-5. 색채미술 심리상담사 (자격)
11-6. 색채미술 심리강사 (자격)
11-7. 타로카드 심리상담사 (자격)
11-8. 타로카드 심리강사 (자격)
11-9. 동영상 공부하기 (인터넷)

11-1. (사)수리힐리상담협회 소개
11-2. BNP 수리심리학 소개
11-3. 엄마 멘토링 상담사 (자격)
11-4. 진로 멘토링 상담사 (자격)
11-5. 색채미술 심리상담사 (자격)
11-6. 색채미술 심리강사 (자격)
11-7. 타로카드 심리상담사 (자격)
11-8. 타로카드 심리강사 (자격)
11-9. 동영상 공부하기 (인터넷)

MENTORING 11

부록

11-1 (사)수리힐링상담협회 소개

💬 협회 소개

(사)수리힐링상담협회는 BNP 수리심리학(창시자 : 보적)을 기반으로 심리학 관련분야 자격증(멘토링 상담사, 색채미술 심리상담사, 타로카드 심리상담사) 검정관리, 자격관련 전문교육으로 전문강사를 양성하여 전문상담분야 일자리 창출을 주목적으로 설립되었다.

💬 자격 제도

(사)수리힐링상담협회는 수리심리학 관련 자격검정제도를 운영하고 있으며, 자격증은 2019년부터 (사)수리힐링상담협회에서 자격검정으로 수여하는 민간 자격증이다.

BNP 수리심리학 자격 종류

자격증 명	내용
• 엄마 멘토링 상담사	• 색채카드 자녀멘토링 상담 (독학)
• 진로 멘토링 상담사	• 색채카드 진로멘토링 (멘토링 교육)
• 색체미술 심리상담사	• 색채카드 심리상담사 (2개월)
• 타로카드 심리상담사	• 타로카드 심리상담사 (2개월)
• BNP 수리심리학 강사	• BNP 수리심리학 강사 (별도 교육)
• 협회 전문강사	• 협회 위촉 책임강사 (자격인증자)

💬 협회 자격증의 장점

(사)수리힐링상담협회에서 운영하는 자격증 제도와 교육은 BNP 수리심리학(창시자, 저작권자, 특허권자, 산업재산권 : 普積 박춘건)의 모든 권한을 위임받아 운영되고 있으며, 자격증 소지자에 한해 이들 권리를 이용할 수 있다.

11-2 BNP 수리심리학 소개

💬 수리심리학 개요

BNP 수리심리학(창시자 : 보적)은 "내면심리, 습성심리, 행동심리"를 동시에 풀 수 있는 세계 최초의 심리상담학 이론과 학문이다. 수리심리학은 창시자 보적(박춘건)의 상표서비스 특허권이며, 수리심리학 관련분야의 모든 저작권을 보유하고 있다.

💬 수리심리학 관련 재산권 현황

BNP 수리심리학은 인간의 내면에서부터 일상생활의 심리작용과 반응, 심리장애나 심리질환 등으로 고통받는 많은 사람들의 심리치유는 물론 아이들의 심리상담, 심리수정, 심리교정 등을 돕고 있다.

BNP 수리심리학 재산권 현황

구 분	내 용
• 저작권	• 수리심리학, 색채미술, 타로심리, 심리오성 등 • 스트레스 곡선, 신체리듬, 생체반응곡선
• 특허권	• 수리심리, 수리힐링, 수리사주, 수리성명학 등
• 저작물 (관련분야)	• 수리심리학, 명상법, 색채미술, 타로상담법 등
• 심리치유법	• 상담치료, 명상치료, 기도치료, 자가최면치료

💬 수리심리학의 장점

수리심리학은 "숫자=색상=도형=미술=타로=명상=심리"의 상호연계성이 과학적 이론과 논리로 해석되어 있고, 모든 것은 숫자풀이법, 색채심리 풀이법, 미술심리 풀이법, 숫자연상법, 색채미술카드와 타로카드 풀이법으로 쉽고, 간단하며, 완벽한 수리법칙으로 해석해 나가는 장점이 있다.

11 MENTORING

11-3 엄마 멘토링 상담사 (자격 1)

💬 엄마 멘토링 상담사 (엄마 멘토)

엄마 멘토링 상담사는 자녀들의 교육이나 아이들의 교육을 위한 "두뇌발달, 두뇌계발, 인성계발, 재능계발"을 주목적으로 엄마 멘토(Mentor)가 되어 훌륭한 자녀교육을 할 수 있는 자격증이다.

💬 자격증 취득 방법

엄마 멘토링 상담사 자격증 취득 방법은 크게 2가지 유형이 있는 데, 하나는 "엄마랑 함께하는 멘토카드와 이용설명서"를 구입하여 독학으로 공부하신 분들을 대상으로 (사)수리힐링상담협회에서 실시하는 "엄마 멘토링 상담사 자격검정"에 응시하면, 자격증을 교부 받을 수 있다.

다른 하나는 (사)수리힐링상담협회의 "색채미술 심리상담사" 자격증을 가지고 있는 강사들로부터 "엄마 멘토링 전문교육"을 이수하신 분들을 대상으로 협회 주관 자격교육을 이수하면, '엄마 멘토링 상담사" 사격증을 취득 할 수 있다.

엄마랑 멘토링 상담사 (자격검정)

구 분	내 용
• 교육장소	• 전국 교육원, 협회지정 지역교육센터
• 교육시간	• 1일 완성 (4시간)
• 교재	• 엄마랑 함께하는 멘토카드, 출판 책
• 강사	• 협회 자격증 소지자 (색채심리 심리상담사)

【 자격증 문의 】 : (02) 548-7378 (서울교육원)

색채미술 심리카드로 푼

11-4 진로 멘토링 상담사 (자격 2)

💬 진로 멘토링 상담사 (진로 상담사)

진로 멘토링 상담사는 아이들의 진로상담을 전문상담을 수행할 수 있는 자격으로, 아이들의 미래와 진로문제는 엄마들에게는 가장 소중한 일이기 때문에, 과학적이고, 완벽한 이론과 논리로 푸는 진로상담법을 배우고, 자격을 취득한 경우이다.

💬 자격증 취득 방법

진로 멘토링 상담분야는 아이들의 "두뇌계발, 학습계발, 재능 멘토링, 학습태도 힐링, 성적향상 코칭, 성격교정 힐링"등이 핵심적인 진로 멘토링 과정이기 때문에, 수리심리학 기본교육을 이수하여 접목해야 한다.

따라서 "진로 멘토링 교육프로그램"을 별도로 마련하여, (사)수리힐링상담협회의 색채미술 심리사들이 "자격교육 책임강사제"를 도입하여, 체계적인 교육을 진행하고 있다.

진로상담 멘토링 상담사 (자격검정)

구 분	내 용
• 교육장소	• 전국 교육원, 협회지정 지역교육센터
• 교육시간	• 2일 완성 (8시간), (추가 교육)
• 교재	• 색채카드 진로상담법 (교재)
• 강사	• 협회 자격증 소지자 (색채심리 심리상담사)

【 자격증 문의 】 : (02) 548-7378 (서울교육원)

11-5 색채미술 심리상담사 (자격 3)

색채미술 심리상담사 (심리상담사)

색채미술 심리상담사는 아이들을 대상으로 한 "멘토링 상담법"과는 달리 색채미술 심리카드로서 심리상담은 물론이고, 심리분석, 심리교정등을 위한 자격으로, 색채미술을 이용한 "Counseling, Mentoring, Coaching, Trainning"을 수행할 수 있는 자격이다.

자격증 취득 방법

색채미술 심리상담사는 "색채카드(개발자 보적) 심리상담법"으로 (사)수리힐링상담협회 주관으로 교육과 자격검정을 실시하고 있다. 자격교육은 협회 교육원 및 지역 교육센터에서 전임 심리강사(책임강사제)를 통해 이수할 수 있다.

따라서 "색채미술 심리상담사 교육프로그램"은 (사)수리힐링상담협회의 색채미술 심리강사의 "자격교육"를 이수하고, 협회 자격검정을 통과하면, 자격증을 취득할 수 있다.

색채미술 심리상담사 (자격검정)

구분	내 용
• 교육장소	• 전국 교육원, 협회지정 지역교육센터
• 교육시간	• 2개월 완성 (무한 리필 교육)
• 교재	• 색채카드 심리상담 (전문 교재)
• 전임강사	• 협회 자격증 소지자 (색채심리 심리강사)

【 자격증 문의 】 : (02) 548-7378 (서울교육원)

11-6 색채미술 심리강사 (자격 4)

💬 색채미술 심리강사 (전임강사)

색채미술 강사는 색채미술 심리상담사를 대상으로 전문교육을 진행하고, BNP 수리심리학(기초과정)을 이수하게 된다. 심리강사 과정에서는 신비의 수리심리학 이론인 "내면심리 분석법, 습성심리 분석법, 행동심리 분석법"으로 "심리상담, 심리교정, 심리수정"은 물론 심리치유를 목적으로 "심리장애 치유법, 심리질환 치유법, 심리질병 치유법"을 수행하게 된다.

💬 자격증 취득 방법

색채미술 심리강사는 "BNP 수리심리학(창시자 보적)"을 이수하고, 심리치유를 위한 "Counseling, Mentoring, Coaching, Trainning, Healing"을 적용하며, 협회 전문강사진의 "자격교육과 실습교육"을 동시에 이수하고, 자격검정을 통해 자격증을 취득할 수 있다. 또한 심리강사는 심리상담사 자격교육을 진행할 수 있으며, 개별 교육센터를 운영한다.

BNP 수리심리학 강사과정

강사 종류	내용 (무한 리필 교육)
1 내면심리분석법	• 숫자풀이법에 의한 내면심리 분석법 (수리법칙)
2 행동심리분석법	• 색채카드 행동심리 분석법 (심리상담법)
3 습성심리분석법	• 색채카드 습성심리 분석법 (심리분석법)
4 멘토링 상담법	• 멘토카드에 의한 진로상담법 (성격힐링법)
5 심리치유법	• 잠재의식 분석법 (심리치유법)

【 자격증 문의 】 : (02) 548-7378 (서울교육원)

11-7 타로카드 심리상담사 (자격 5)

💬 타로카드 심리상담사 (타로운세 상담사)

타로카드 심리상담사는 "색채미술 심리상담사"와는 달리 기존에 일부 심리상담용 심리도구로 사용되어 왔지만, 과학적인 이론과 논리가 부족하여, 학문적인 기반을 마련하지 못했다.

따라서 수리법칙으로 푼 한국 고유의 "천부경 타로카드(개발자 보적)"를 이용한 심리상담법(책명 : 천부경 타로카드 길라잡이)으로 행동심리테스트가 가능하도록 창시된 이론이다.

💬 자격증 취득 방법

타로카드 심리상담사는 BNP 수리심리학(창시자 : 보적)을 기반으로 제작된 "Tarot Card(56장) 상담법"을 이수하고, (사)수리힐링상담협회 주관으로 교육과 자격검정을 통과하면, 자격증을 취득할 수 있다.

타로카드 심리상담사는 주로 "인생상담과 심리상담"에 있어서는 매우 좋은 반응과 상담효과를 나타내었고, 일반적인 상담분야에도 널리 이용될 수 있는 심리도구이다.

타로카드 심리상담사 (자격검정)

구 분	내 용
• 교육장소	• 전국 교육원, 협회지정 지역교육센터
• 교육시간	• 1일 완성 (4시간)
• 교재	• 천부경 타로카드 길라잡이, 타로운세 상담법
• 강사	• 협회 자격증 소지자 (타로 심리상담사)

【 자격증 문의 】 : (02) 548-7378 (서울교육원)

11-8 타로카드 심리강사 (자격 6)

▣ 타로카드 심리강사 (타로 심리치유사)

타로카드(Tarot Card) 심리강사는 타로카드 심리상담사 과정을 이수하고, BNP 수리심리학(기초과정)을 이수한 사람 중에서 협회 자격검정시험을 통과한 사람에게 부여하는 자격증으로 (사)수리힐링상담협회에서 수여하게 된다.

▣ 자격증 취득 방법

타로카드 심리강사는 "BNP 수리심리학(창시자 보적)"을 이수하고, 심리치유를 위한 "Counseling, Mentoring, Coaching, Trainning, Healing"을 적용하며, 협회 전문강사진의 "자격교육과 실습교육"을 동시에 이수하고, 자격검정을 통해 자격증을 취득할 수 있다. 또한 심리강사는 심리상담사 자격교육을 진행할 수 있으며, 개별 교육센터를 운영한다.

BNP 수리심리학 강사과정

강사 종류	내용 (무한 리필 교육)
1 내면심리분석법	• 숫자풀이법에 의한 내면심리 분석법 (수리법칙)
2 행동심리분석법	• Tarot Card 행동심리 분석법 (심리상담법)
3 습성심리분석법	• Tarot Card 습성심리 분석법 (심리분석법)
4 멘토링 상담법	• 멘토카드에 의한 진로상담법 (성격힐링법)
5 심리치유법	• 잠재의식 분석법 (심리치유법)

【 자격증 문의 】: (02) 548-7378 (서울교육원)

11-9 동영상 공부하기 (인터넷)

동영상 공부하기 (상담 및 자격증 취득)

BNP 수리심리학(창시자 보적)은 인간의 "내면심리, 습성심리, 행동심리"를 동시에 분석할 수 있으며, 숫자풀이법에 의한 내면심리 분석법, 색채미술카드를 이용하는 심리상담법, 타로카드를 이용한 심리상담법을 배울 수 있는 방법을 안내하고자 한다.

현재 BNP 수리심리학은 인터넷과 유튜브로서 많은 분야의 동영상 강좌를 무료로 진행하고 있으며, 심리상담사, 심리강사, 심리치유사용 심화과정을 인터넷 교육프로그램(보적 직강)을 안내하고자 한다.

동영상 공부하기

동영상 주소	보적 전화 : 010-8558-3000
1 동영상 강좌	• http://www.surisaju.co.kr
2 유튜브 강좌	• 보적 수리사주
3 페이스북	• 색채미술 심리카드 배우기 • 천부경 타로카드 배우기
4 밴드	• 색채미술 심리카드 공부하기 • 천부경 타로카드 배우기
5 보적 동영상	• http://www.cheonbu6.co.kr
6 보적 블로그	• http://blog.naver.com/arenack
7 다음 카페	• http://cafe.daum.net/cheonbu6

※ 색채미술 심리카드는 모두 "저작권, 특허권, 산업재산권"을 보유하고 있으며, 어느 누구도 허가없이 복제, 인용, 복사, 강좌, 강의를 할 수 없음을 알려드립니다.

【 자격증 문의 】: (02) 548-7378 (서울교육원)

색채미술 심리카드로 푼
엄마, 내 마음을 어떻게 알아?

초판 인쇄 2019년 11월 25일
초판 발행 2019년 11월 27일

지 은 이 보적 박 춘 건
발 행 처 (주)해맞이미디어
　　　　　(사)수리힐링상담협회
　　　　　서울시교육원 원장 박종각
　　　　　서울특별시 관악구 남부순환로 1507
　　　　　TEL : 02)863-9939
　　　　　E-mail : inventionnews@naver.com
등록번호 제320-199-4호
ISBN : 978-89-90589-81-1

· 이 책의 저작권은 (주)해맞이미디어와 (사)수리힐링상담협회에 있습니다.
· 무단복재와 불법복제를 금합니다.
· 좋은 책 만들기(SINCE 1990~)
· 책값은 뒤표지에 표시되어 있습니다.

※ 색채카드가 필요한 분은 본 연구원으로 연락바랍니다.
　　가격은 한 세트 3만원입니다.
　　02. 548. 7378 서울교육원
　　02. 863. 9939 출판사